30분 산책기술

KOKORO SUKKIRI, AIDEA HIRAMEKU SAITO TAKASHI NO 30-PUN SANPO-JUTSU by SAITO Takashi
Copyright ⓒ 2008 SAITO Takashi
All rights reserved.

Originally piblished in japan by JITSUGYO NO NIHON SHA, Tokyo.
Korean translation rights arranged with JITSUGYO NO NIHON SHA, Japan
through THE SAKAI AGENCY and BC Agency.

이 책의 한국어판 저작권은 BC 에이전시를 통한 저작권자와의
독점 계약으로 21세기북스에 있습니다.
저작권법에 의해 한국 내에서 보호를 받는 저작물이므로 무단전재와 복제를 금합니다.

흩어진 마음을 다스리는
30분 산책기술

사이토 다카시 지음 | 유윤한 옮김

| 프롤로그 |

걷기는 내 삶의 구원이었다

스트레스가 많으면 실력을 발휘할 수 없다

　흔히 '걷기' 하면, '건강에 좋다'는 생각부터 떠오른다. 아마 나이가 많은 독자일수록 그런 느낌이 강할 것이다. 사실 걷기는 수많은 건강법 중에서도 가장 쉽고 중요한 비법이다. 걷기 힘들 정도로 하반신이 약해지면 곧 온몸이 여기저기 아파온다. 그래서 나는 건강을 위해서라도 매일매일 걸으려고 노력한다.
　걷기는 신체의 건강뿐만 아니라 정신의 건강에도 큰 영향을 끼친다. 그리고 그 영향력은 단순히 스트레스를 없애거나 기분이 좋아지게 하는 데서 머물지 않는다. 우선 걷기는 일을 하는 데 큰 도움을 준다. 걸어서 스트레스가 줄어들면 마음에 여유가 생기고 그만큼 머리 회전도 빨라진다. 그래서 문제에 좀 더 적극적으로 접근할 수 있다.

사람이 자동차이고, 트렁크에 실린 짐이 스트레스라고 생각해보자. 스트레스가 많다는 것은 '나'라는 자동차에 그만큼 많은 짐이 실렸다는 이야기다. 짐의 종류는 일과 관련된 것에서부터 가족 간의 갈등에 이르기까지 다양하다. 예를 들어 출근 전에 아이와 언쟁을 벌였다면 하루 종일 아이가 마음에 걸려 일이 손에 잡히지 않는다. 그뿐만이 아니다. 직책이나 인간관계를 포함해 마음에 들지 않는 외모, 학력, 건강 문제도 스트레스가 된다. 간단히 해결되지 않는 이런 근본적인 문제들은 늘 자기 자신을 누르는 짐이 된다.

가끔 이삿짐 차처럼 온갖 스트레스들을 잔뜩 싣고 위태롭게 일에 달려드는 사람도 있다. 어느 날 직장 동료를 보고 '오늘 컨디션이 영 안 좋은 것 같네'라고 생각했는데, 그가 내게 마음속 고민을 털어놓았던 적은 없었는가? 그의 상태가 안 좋아 보였던 이유는 고민이란 스트레스에 눌려 있었기 때문이다.

설령 스트레스란 짐을 한 개씩 내려놓는다 해도 당장 자동차처럼 쏜살같이 달려갈 수는 없다. 하지만 짐이 줄어들면 그동안 짐에 눌려 있던 능력이 해방되어 좀 더 유능한 사람이 될 수 있다. 그리고 스트레스를 뿌리째 날려버리면 그때서야 그것이 얼마나 무거운 짐이었는지를 느낄 수 있다. 기분을 무겁게 가라앉히고 마음을 뿌옇게 했던 스트레스가 사라지면 그 아래 숨어 있었던 잠재적인 힘이 올라온다. 이때부터 제대로 실력을 발휘하게 되는 것이다.

걸으면서 생각하면 이야기가 술술 풀린다

어떤 직종에 종사하든 마음에 쌓인 짐을 훌훌 털어버리고 싶다든지, 새로운 아이디어를 얻고 싶다는 생각을 할 때가 종종 있다. 그런 경우에는 끙끙거리며 책상 앞에 앉아 있어봤자 아무런 효과도 없다. 오히려 자리를 박차고 일어나 밖으로 나가 걸어야 마음이 편해지고 좋은 아이디어가 떠오르곤 한다.

나는 직업 특성상 아이디어를 짜내야 할 때가 많다. 특히 편집자들을 만나 아이디어 회의 비슷한 것을 자주 하는데, 한 가지 사안을 처리하고 나면 다음 기획에 대한 화제로 넘어간다. 하나의 일을 마치고 다음 일로 넘어가는 것이야 자연스러운 흐름이지만, 대개 한 가지 일을 마쳤다는 것만으로도 피곤한 상태가 된다. 그러면 잠시 머리도 식힐 겸 식사를 하러 나간다.

새로운 반전이 펼쳐지는 것은 식사를 하고 걷기 시작할 때부터다. 식당을 나서면서 별 생각 없이 새로운 기획에 대한 이야기를 시작했는데, 갑자기 아이디어가 튀어나와 도중에 멈춰선 채로 20~

30분가량 열띤 대화를 이어갔던 것이다. 길가에 서서 일 이야기를 하는 것이 신기했지만, 어쨌든 밖에 나와 걷자 이야기가 술술 풀리기 시작했다. 내게는 이런 경험이 자주 있다.

걷기 덕분에 방향을 잃지 않았던 20대

걷기는 우리의 내면에서 동기나 의욕을 불러일으키는 힘이 있다. 나는 오랫동안 불확실한 상태에서 헤매면서 20대를 보냈다. 공부에 몰두하던 시절이었기 때문에 수입이 거의 없었다. 20대가 끝날 때까지 그렇게 계속 직업을 갖지 못할까봐 걱정했고, 늘 미래가 불안했다. 스스로에 대한 불신도 컸다.

이처럼 힘든 시절에 가장 큰 위로가 되었던 것이 있다면 바로 걷기였다. 당시 내가 다니던 도쿄대학으로 통학하는 길에는 우에노 공원이 있었다. 나는 이 공원과 그 주변의 네즈 거리를 거의 매일 걸었다. 이 일대는 문인들과 인연이 깊은 곳이다. 공원 안이나 거리 곳곳에는 문호들과 관련된 비석이 세워져 있다. 특히 네즈 거리에는 나쓰메 소세키(夏目漱石)나 모리 오가이(森鴎外)가 살았던 집도 있다.

이런 곳들을 걷노라면, 자연스럽게 대문호들의 정신세계와 그들이 맞닥뜨렸던 고난에 대해 생각하게 되어 자극을 받는다. 그래서인지 나도 모르게 '이런 훌륭한 사람들을 본받아 살아야지' 하고 생각하면서 걸을 때가 많았다. 마치 북극성처럼 아주 먼 곳에 있는 목표를 정하고, 앞이 보이지 않는 어둠 속에서도 그 별을 바라보며 방향을 잃지 않는 것과 비슷했다.

지금도 나는 집 안에 있을 때보다는 밖에 나가 걸을 때 사색에 잠기는 시간이 길어지는 경향이 있다. 걸으면서 이것저것 곰곰이 생각하며 헤매는 마음을 추스리고, 막연한 느낌이 들어도 이 시간을 의욕을 높이는 시간으로 삼는다.

걸으면서 마음의 평온이 찾아왔다

자신의 인생에 대해 불안과 불신을 느끼는 것은 20대에만 있는 일은 아니다. 살면서 이 길로 가면 좋은지 아닌지 고민하는 시간은 누구에게나 무수히 찾아온다. 만일 그런 불안과 불신으로 인한 스트레스를 없앨 수만 있다면 그 사람의 삶은 훨씬 생산적으로 변할 것이다. 또, 삶에서 행복감이 차지하는 비율도 높아질 것이다.

자기 자신이나 주변 사람들, 혹은 장래에 대해 불신을 느끼지 않는 상태를 '행복'이라 한다면, 그런 상태를 얼마나 유지할 수 있는지가 인생의 행복감을 좌우한다고 볼 수 있다. 아주 멋진 일을 경험하는 상태만을 행복이라고 단정할 수는 없다. 너무 좋은 일을 겪는 사람은 너무 나쁜 일을 겪기도 쉽다. 기복이 심한 일에서는 큰 성공을 거두기도 하지만, 한순간 실패의 나락으로 떨어지기도 한다. 기쁨이 큰 만큼 괴로움도 크다고 볼 수 있다.

미와 아키히로(美輪明宏)가 《마이너스 플러스의 법칙(ああ正負の法則)》이란 책에서 얘기하듯이, 인생에서 플러스가 크면 그만큼 큰 마이너스가 따라오는 법이다. 결국 누구나 인생의 마이너스와 플러스를 곱하면 0이 된다고 그는 주장한다. 하나의 인생관으로서 인정받을 만한 이야기다.

아마도 우리 대부분은 큰 행복과 불행 사이를 오가기보다는, 매일매일 마음의 미묘한 흔들림이 파도치는 상태를 경험하며 살 것이다. 따라서 스스로 자신의 마음을 통제하면 쉽게 평온을 유지할 수 있다. 이를 위해서는 고민하지 않아도 되거나 고민해봤자 소용없는 문제에 대해 마음을 비우는 기술을 익히는 것이 중요하다. 나는 이것을 '마음에 빈 공간 두기', 혹은 '뇌에 빈 공간 두기'라고 부른다.

하지만 마음을 마음으로 통제하는 것은 생각보다 쉬운 일이 아니다. 통제하려는 마음과 통제 받아야 하는 마음이 같다는 근본적인 문제가 있기 때문이다. 마치 혼자서 두 가지 배역을 맡아 하는 연극처럼 두 마음을 감당하기가 벅찰 때가 많다. 그럴 때는 이렇게 생각해보자. 내 마음이 격려하는 마음과 고민하는 마음이라는 두 배역을 동시에 맡았다고 생각하자. 격려하는 마음이 '뭘 그렇게 고민하는 거야. 다 괜찮아질 거야' 하면서 고민하는 마음의 어깨를 두드릴 정도가 되면, 어느 정도 마음 관리에 성공한 셈이다.

걷기를 습관화하면 마음에 리셋 시스템이 생긴다

다시 한 번 말하지만 마음 관리만큼 힘든 일도 없다. 깨끗이 잊어버리고 싶은 마음과 계속 연연해하는 마음이 갈등하고 있다면, 그 사이에 몸을 넣어보자. 이때 활용할 수 있는 기술이 바로 걷기다.

걷기가 왜 좋은지에 대한 자세한 이야기는 본론에서 하겠지만 가장 큰 장점은 이것이다. 갈등하는 두 마음 사이에 '걷기'라는 육체적 활동을 집어넣으면 마음이 '리셋' 된다. 즉, 걷다 보면 마음에서 갈등이 걷히고 평정을 맛볼 수 있다. 그리고 걷기를 습관화하면 우리의 마음은 이런 리셋 시스템에 익숙해진다.

여러 가지 일을 처리하다 보면 문제가 생길 때가 많다. 가정과 관련된 문제일 수도 있고, 일과 관련된 문제일 수도 있다. 강아지가 병에 걸리기만 해도 스트레스를 받아 무거워지는 것이 우리의 마음이다. 이럴 때 스스로 마음의 짐을 덜어낼 능력이 있는지 없는지에 따라 우리의 생산성은 크게 변한다.

평정을 되찾을 수 있는 마음 구조를 하나의 기술로 익히면 갈등으로 인한 스트레스도 쉽게 버릴 수 있게 된다. 걷기가 습관이 되고, 습관이 기술이 되면 몸을 움직여 마음도 변화시킬 수 있다. 하지만 주의해야 할 점은 무작정 걷는다고 해서 마음이 평화로워지거나 아이디어가 샘솟는 것은 아니라는 점이다. 이 책에서는 걷기와 심신의 관계를 근거로, 마음과 뇌를 훈련시킬 수 있는 방법을 구체적으로 소개하려 한다.

걷기란 대부분의 사람들이 필연적으로 실천하게 되는 행위다. 통학을 하든 통근을 하든, 역에서 집까지 또는 회사나 학교에서 역까지 하루에 30분 이상은 걸을 것이다. 이제는 그런 시간이 아무 쓸모도 없는 '버리는' 시간이란 인식을 바꾸고, 걷기를 심신을 다스리는 기술로 만들 필요가 있다.

CONTENTS

프롤로그 걷기는 내 삶의 구원이었다 • 4

CHAPTER 1 왜 걷기가 마음에도 좋은 것일까

01 신체를 움직이면 마음이 상쾌해진다 • 17
02 일정한 리듬이 만드는 '집중 상태' • 21
03 밖에 나가면 마음에 생기가 돈다 • 26
04 감각도 습관화하면 기술이 된다 • 30
05 하반신의 힘과 기력의 관계 • 35

CHAPTER 2 30분 걷기로 에너지를 얻는다

01 마음이 안정되는 동양식 걷기 • 47
02 소리 내면서 걷기의 효과 • 60
03 30분 걷는 힘 기르기 • 65

CHAPTER 3 산책으로 상상력과 사고력을 높인다

01 걸으면서 아이디어를 얻는다 • 71
02 영감을 얻는 산책기술 • 75
03 홀로 밤에 걷기 • 84
04 수첩과 서점을 활용하라 • 90
05 산책의 달인이 말하는 행복의 비결 • 97

CHAPTER 4 함께 걸으면 인간관계가 좋아진다

01 산책하며 나누는 긍정적인 대화법 • 103
02 산책을 통해 우정을 쌓는다 • 108
03 커뮤니케이션에 장소의 힘을 이용한다 • 113
04 침묵하는 시간의 가치 • 117

CHAPTER 5 걸어서 마음의 에너지를 높인다

01 마음의 건강과 산책 • 125
02 추억의 거리는 에너지 공급원이다 • 129
03 일상을 벗어난 산책 • 134
04 영원을 느끼는 산책기술 • 140
05 생명의 숨결을 느낄 수 있는 거리들 • 147

에필로그 아이의 마음으로 돌아가는 걷기 • 155

1
CHAPTER

왜 걷기가
마음에도 좋은 것일까

신체를 움직이면
마음이 상쾌해진다

심신의 피곤함과 불균형이 스트레스를 증가시킨다

스트레스나 고민을 날려 보내고 싶을 때 보통 많은 사람들이 선택하는 방법은 크게 두 가지다. 첫 번째 방법은 우선 쉬는 것이다. 예를 들어 마사지를 받는다거나, 음악을 들으며 쉬거나, 따뜻한 물이 담긴 욕조에 들어가 목욕을 한다. 그 외에도 운동을 한다거나, 노래방에 가서 노래를 부른다거나 해서 에너지를 발산하는 방법이 있다. 그렇게 하면 효과적으로 스트레스를 날려 보낼 수 있다. 체력이 너무 떨어져 있을 때는 일단 쉬어야겠지만, 그렇지 않을 때는 오히려 좋아하는 일을 하며 몸을 움직이면 다시 힘을 얻을 수 있다.

어느 정도 몸을 움직이면 적당히 피곤해지는 순간이 찾아오는데, 이때 기분은 오히려 좋아진다. 그리고 자연스럽게 졸릴 때 한잠 자고 나면 피곤이 말끔하게 풀린다. 잠이야말로 최고의 스트레스 치료약이라고 할 수 있다. 반대로, 마음은 불안한데 몸은 그다지 피곤하지 않은 상태에 처할 수도 있다. 신경은 흥분되어 있는데 신체 에너지는 고요히 머물러 있는, 심신의 불균형 상태에 처한 것이다.

현대인에게는 전신이 피곤하지는 않지만 눈, 목, 어깨 등 특정 부위에 피로가 집중되는 증상이 많이 나타나고 있다. 과거 인류는 이런 상태를 경험한 적이 거의 없었다. 늘 먹을 것을 찾으러 다니거나 농사를 지으며 살아서 몸을 끊임없이 움직였기 때문이다. 그에 비해 현대인들은 대부분 놀라울 정도로 몸을 사용하지 않은 채 지낸다. 싫든 좋든 실내에서 일하는 경우가 많기 때문에 몸이 피곤해지기가 어렵다. 극단적으로 말하자면, 현대인의 몸은 은둔형 외톨이나 마찬가지인 상태다.

몸을 너무 쓰지 않고 지내면 에너지가 정체되어 우울한 상태에 빠지기 쉽다. 여기에 스트레스라는 안개가 덮이기 시작하면 불안감은 걷잡을 수 없이 커진다. 몸에 남아돌던 에너지가 마이너스 방향으로 흘러가기 때문이다.

몸을 움직이면 스트레스를 떨쳐낼 수 있다

몸을 움직여 마음의 스트레스를 떨쳐내고 싶어도 바쁠 때는 시간을 내기가 쉽지 않다. 그렇다고 불안한 마음을 그대로 두고 스트레스를 키울 수만은 없다.

나는 지하철역에서 집이나 직장까지 걸어가는 시간을 스트레스를 떨쳐버리기 위해 활용한다. 일부러 30분 정도 산책을 하며 마음을 스트레스를 받기 전의 초기 상태로 돌려본다. 산책을 하다 보면 마음을 어지럽혔던 문제의 본질이 무엇인지 깨닫게 되는 순간이 있다. 그럴 땐 계속 걸으면서 최악의 사태까지 떠올려본다. '이 일이 최악의 사태까지 가면 어떻게 될까?' 하고 상상하다 보면 '죽을 만큼 큰 문제로 번지지 않을까?'라는 생각까지 하게 된다. 그리고 마침내 '죽을 정도로 큰일은 아니다'라거나 '설령 죽는다 해도 결국 인생의 마지막은 죽음 아닌가'라는 결론을 내리게 된다. 이 단계까지 오면 마음이 비어 평안하고 상쾌한 상태에 이른다. 대부분의 문제는 상황을 직시하고 받아들였을 때 절반 정도는 해결된다.

계속 골머리를 썩이던 문제라도, 몸을 움직여 걷다 보면 명확하게 본질이 보이기 시작한다. 그러면 마음에도 여유가 생겨 '그래, 별것 아니야'라고 마음속으로 스스로를 타이르게 된다. 그리고 이렇게 자기 자신을 타이르며 걷다 보면, 마음이 이 말을 따라 점점 담대해지는 기분이 든다. 예를 들어 다른 사람에게 싫은 소리를 들었는데, 그 말이 계속 마음에 걸릴 때가 있다. 이럴 때 밖에 나가 천천히 걷다 보면 '그 사람, 분명 뭔가 기분 나쁜 일이 있었을 거야'라든가 '그런 말에 신경 쓰느라 에너지를 낭비하는 건 바보 같아'라는 생각이 든다.

개를 쓰다듬어주면 가끔 몸을 부르르 떨 때가 있다. 귀여운 마음에 쓰다듬은 것이지만, 사실은 쓰다듬어주는 방법이 잘못되었을 수도 있다. 개는 스트레스를 받으면 몸을 움직여 불쾌한 기분을 털어내는 습관이 있기 때문이다. 사람도 이와 비슷하게 몸의 움직임을 통해 스트레스를 털어낼 수 있다. 바로 걷기를 통해서다. 걸으면서 마음을 추스르면 바쁠 때도 스트레스가 쌓이는 것을 쉽게 막을 수 있다. 나는 한 걸음, 한 걸음에 '스트레스가 아래로 내려가 대지에 흡수된다'는 느낌을 실어 걸으려고 노력한다. 이렇게 하면 어느새 마음이 가라앉고 기분도 좋아진다.

일정한 리듬이 만드는 '집중 상태'

걸으면 명상 상태로 들어가기 쉽다?

나는 오랫동안 선(禪)이나 명상 등을 연구했고 직접 수행도 했었다. 그런데 앉아서 명상을 하면 의외로 잡념이 많이 생기고 집중이 잘되지 않았다. 어느새 마음에 여러 가지 다른 생각들이 들어오기 때문이다.

사실 명상 중에 잡념이 스치는 것은 당연한 일이다. 또한 잡념은 잡념대로 흘려보내는 것이 명상의 핵심이기도 하다. 하지만 나는 그런 잡념들을 흘려보내지 못하고 일일이 마음을 빼앗기곤 해서 명상하는 내내 이런저런 생각들에 휘둘릴 때가 많았다. 마음을 맑게 하려고 명상을 시작했는데, 어지러운 잡념으로 마음이 점점 더 흐려지는 기분이 들 정도였다. 이런 상태에서는 모처럼 시작한 명상도 별 의미가 없어진다.

그런데 언젠가 길을 걸으면서 명상을 시도해본 적이 있었다. 뜻밖에도 걷는 쪽이 앉아 있는 것보다 명상 상태로 들어가기가 훨씬 쉬웠다. 몸이 움직이는 만큼 마음도 함께 움직일 것 같은데, 실제로는 그렇지 않았다. 하반신은 계속 움직이고 있는데도 마음은 요동치지 않았다. 이런 상태를 명상이라고 한다면 조금 지나친 표현일지도 모르겠다. 하지만 헛되고 잡스러운 일이 떠오르지 않았고 마음이 고요하게 가라앉은 상태가 되었다.

이런 현상은 단순한 행위를 반복할 때 마음이 맑아지면서 집중이 잘되는 현상과 비슷하다. 예를 들어 칼을 가는 경우를 생각해보자. 일정한 리듬을 타며 칼을 갈다 보면 다음에 어떤 행동을 해야 할지 의식하지 않는 순간이 찾아온다. 아무 생각 없이 행위 자체에만 집중하는 상태에 이른 것이다. 따라서 가만히 있을 때 잡념이 많이 떠오르는 사람일수록 뭔가 한 가지 행동에 집중하면 마음을 상쾌하게 가라앉힐 수 있다.

리듬이 있는 운동은 마음을 안정시킨다

운동 중에서는 탁구가 마음을 가라앉히는 데 좋다. 탁구는 상대

선수와 공을 주고받는다는 점에서 테니스와 비슷하다. 하지만 테니스는 자신이 친 공이 상대의 라켓을 맞고 돌아오기까지 꽤 시간이 걸린다. 그 사이에 쓸데없는 생각에 빠져 들면 실수를 저지르기 쉽다. 하지만 탁구는 공이 돌아오는 시간이 짧기 때문에, 일단 경기가 시작되고 리듬을 타면 오로지 공을 치는 데만 집중할 수 있다. 공의 흐름을 좇느라 쓸데없는 생각을 할 틈이 없기 때문이다.

또한 공이 탁구대에서 튕겨 나갈 때 일정하게 통통 울리는 소리는 명상을 촉진시킨다. 통통 소리에 맞춰 공의 흐름에 집중하다 보면 뇌 속에서는 기분을 좋게 만드는 물질인 세로토닌과 도파민이 분비된다. 세로토닌은 기분을 안정시키는 역할을 하고, 도파민은 학습이나 일에 대한 의욕을 증진시키는 역할을 한다.

저명한 뇌과학자 아리타 히데호(有田秀穗)는 리듬 운동과 호흡의 관계를 증명하는 실험에 성공했다. 그는 이 실험을 통해 세로토닌의 분비를 활성화시키려면 신체를 리드미컬하게 움직이는 동작이 필요하다는 사실을 밝혀냈다. 리듬 운동을 전후로 혈액과 소변에 있는 세로토닌 양을 조사해보았더니 운동 후에 단연 그 양이 늘어나 있었다. 탁구와 같이 리듬 있는 운동이 마음을 안정시키는 이유도 바로 이 때문이다.

탁구를 잘 치는 사람은 아무래도 탁구 경기를 통해 쉽게 마음이 안정될 것이다. 하지만 초보자들은 탁구에 집중해 모든 것을 잊어버리는 경지에 이르기가 쉽지 않다. 경기를 계속할 수 있는 기술 자체가 부족하기 때문이다.

하지만 걷기에는 특별한 기술이 필요 없다. 게다가 이미 누구나 일상에서 행하고 있는 기술이기도 하다. 우리는 걸을 때 먼저 오른발을 내딛고 왼발을 내딛겠다거나, 다음에는 어떤 발을 내딛겠다고 일부러 생각하지 않는다. 걷기야말로 우리가 늘 일상적으로 하고 있는 리듬 운동이다.

리듬은 뇌를 움직인다

수영과 걷기는 닮은 점이 많다. 둘 다 리듬을 타는 운동이며, 특히 호흡에 일정한 리듬감을 주어 깊은 숨을 쉬도록 해준다. 나는 오랫동안 호흡법을 연구해왔는데, 천천히 깊게 오랫동안 숨 쉬는 호흡은 뇌를 활성화시킨다고 한다.

대학 시절 나는 학교 수영장에서 수영을 하다가 논문에 대한 아이디어를 얻을 때가 많았다. 100미터 정도 나아갈 때까지는 그저 수영을 즐기는 상태이지만, 400미터 정도가 지나면 슬슬 여러 가지 아이디어가 떠오르기 시작했다. 또, 물속에 잠기면 신기하게도 갑자기 외부와 격리된 조용한 세계가 펼쳐져 혼자만의 세계에 몰입하기 좋은 환경이 되기 때문에 사고의 집중력도 높아졌다. 하지만 수영을 할 때는 메모를 할 수 없어 곤란하다. 꼭 기억해야만 하는 것들이 마음속의 여유 공간을 차지해버리기 때문에 이것이 꽤나 괴로운 짐이 될 수 있다. 하지만 메모를 하면 그 짐을 벗을 수 있다.

사실 나는 도서관에서 공부하는 게 그다지 맞지 않는 학생이었다. 학생 때 대학 도서관에 앉아 공부를 시작하고 30분 정도만 지나면 졸리기 시작했다. 오직 공부하기 위해 칸막이가 쳐진 개인 책상에 앉아 있는 일은 늘 고통이었다. 물론 시험공부를 할 때는 그런 장소에서 집중할 필요도 있다. 하지만 아이디어를 떠올려야 할 때는 몸을 유연하게 움직일 수 있는 쪽이 더 효과가 크다.

밖에 나가면
마음에 생기가 돈다

햇빛이 가지는 힘

　밖에 나가 햇빛을 받는 것이 건강에 좋다는 사실은 널리 알려져 있다. 사람의 몸은 음과 양의 리듬이 섞여 조화를 이루며 움직인다. 우리가 살아가는 하루하루도 '음(밤의 시간)과 양(낮의 시간)'이 교대로 반복되며 만드는 리듬을 탄다. 이것은 대자연이나 우주가 운행되는 원칙과도 연결되어 있다. 바다에서 끊임없이 일어나는 만조와 간조도 이런 원칙을 따르는 좋은 예다.
　낮과 밤이 교차되는 리듬은 지구상에서 하나의 생명체로 살아가는 우리의 몸 깊숙한 곳까지 파고든다. 그리고 이 리듬을 만드는 데 중요한 역할을 하는 것이 바로 햇빛이다. 햇빛을 받으면 앞에서 언급한 대로 세로토닌과 도파민의 분비가 활성화된다. 건강을 위해서 걸으라고 권장하는 가장 큰 이유도 바로 햇빛을 받을 수 있기 때문이다. 또한 햇빛은 마음에도 영향을 끼친다. 마음에 음기가 가득 차 침울할 때 햇빛을 받으면 양기가 살아난다.

번화가를 걸으면 마음이 경쾌해진다

나는 현재 있는 장소에서 느껴지는 기(氣)에 민감한 편이다. 쓸쓸한 분위기보다는 떠들썩한 분위기를 좋아한다. 그래서 번화가를 걷다 보면 괜히 기분이 들뜨고 좋아진다. 아무리 주변의 기운에 둔감한 사람일지라도, 번화가를 걸으면 마음이 들뜨고 조용한 길을 걸으면 마음이 가라앉는 경험을 한 번쯤은 해보았을 것이다. 특히 여성들은 딱히 쇼핑할 것도 아니면서 명품 가게가 즐비하게 늘어선 거리를 걷다 보면 마음이 들뜨고 설레는 경우가 많을 것이다.

나는 조금만 더 힘을 내야 되겠다는 순간이 찾아오면 유명한 브랜드숍이 몰려 있는 번화가를 찾는다. 꼭 쇼핑을 하지 않아도 거리와 사람들에게서 느껴지는 활기가 내게 힘을 주기 때문이다. 이런 거리에서는 일반인들이 패션모델에 가까운 옷차림을 해도 전혀 이상하지 않다. 오히려 그런 튀는 차림이 거리의 분위기와 더 잘 어울린다. 아무래도 거리 자체가 박력이 넘치는 기운을 가지고 있기 때문일 것이다. 산책할 때 이처럼 거리 자체가 가진 분위기와 에너지를 받아들이면 혼자서는 해결하기 어려운 침울한 기분을 밝게 만들 수 있다.

나는 쾌활하고 생기에 넘치는 상태를 뜻하는 '치어풀(cheerful)'이란 단어를 중요하게 생각한다. 어린아이들이 사랑 받는 이유는 늘 명랑하고 생기에 넘치기 때문이다. 누구든 나이를 먹다 보면 이런 쾌활함이 점차 사라지지만, 번화가를 걷다 보면 이상하게도 생기가 살아나는 것을 느낄 수 있다.

바깥에 있으면 생각하는 시간이 길어진다

생각하는 시간도 실내에서보다는 바깥에 있을 때 더 길어지는 경향이 있다. 예를 들어 '앞으로 이러이러한 일을 하고 싶다'와 같은 막연한 희망에 대해 생각할 때는 노천탕이나 바닷가가 좋다. 높이 솟은 산이나 망망하게 펼쳐진 바다를 보고 있노라면 생각에 잠기는 시간도 길어진다.

실내에 있을 때라면 멀리 푸른 하늘과 산이 보이는 창가에 앉아보자. 불쑥 '나는 어디에서 와서 어디로 가는가'와 같은 근원적인 질문을 스스로에게 던지게 된다. 또, 지나온 날들을 돌아보면서 앞으로 5년, 10년을 어떻게 살아야 할지도 그려보게 된다. 나는 온천, 특히 노천탕에 몸을 담그고 있을 때, 집에서는 미처 생각지도 못했던 미래에 대한 비전을 떠올리는 경우가 많다.

감각도 습관화하면
기술이 된다

신체의 상태감이란?

누구나 '…를 하면 …한 기분이 된다'고 표현할 수 있는 경험을 한두 번은 해보았을 것이다. 예를 들어 '이 길을 걸으면 왠지 장어구이가 먹고 싶다'는 생각이 들 때가 있다. 보통 그런 길에는 장어구이집이 있고, 솔솔 풍기는 냄새에 끌려 사먹기도 한다. 그리고 이런 경험들이 몇 번 반복되다 보면 어느새 조건반사적으로 행동하게 된다. 이른바 '파블로프의 개'와 비슷한 상태가 되는 것이다. 어떤 조건이 습관적으로 주어지다 보면 실제로 영향을 주지 않을 때도 반응이 나온다. 장어구이 냄새를 맡지 않아도 그 거리로 접어들면 왠지 장어구이가 먹고 싶어지는 것처럼 말이다.

또 다른 예를 들어보자. 좌선을 할 때는 보통 등을 곧게 펴고 '결가부좌'를 한다. 좌선을 오래하다 보면 결가부좌를 하는 것만으로도 마음이 가라앉는데, 이는 결가부좌가 습관화되어 일정한 경지에 오른 뒤에야 가능한 일이다. 이런 습관은 매일 시간을 정해놓고 결가부좌로 앉는 노력을 한 뒤에야 가능하다.

신체의 상태에 따라 느끼는 감각, 즉 '신체의 상태감'은 습관화된 몸의 움직임을 통해 언제든 어떤 마음의 상태도 만들어낼 수 있는 도구다. 기분이 뒤숭숭할 때 좌선 자세만 취하거나 그 모습을 상상하기만 해도 마음이 가라앉는 것은 좌선이 습관화된 사람만이 가능한 일이다. 몸과 마음이 하나의 틀을 이뤄 서로 연결되었기 때문이다. 마찬가지로, 의식을 가지고 걷는 습관이 계속되면 걷기만으로도 마음의 상태를 조절할 수 있다. 걷는 습관은 신체가 느끼는 감각을 마음을 다스리는 기술로 정착시킬 수 있는 좋은 방법이다.

대부분의 사람들은 기술과 감각이 상반되는 것이라고 생각한다. 감각이란 어딘가에 부딪혀서 아프다든가, 쓰다듬어주니 기분이 좋다든가 하는 마음의 상태로서 한 번 느끼면 사라지는 순간적인 것이라고 생각한다. 하지만 사실은 이런 감각도 습관화되면 하나의 기술이 될 수 있다. 걷기도 마찬가지다. '출퇴근할 때 걷는 시간을 스트레스를 털어버리는 데 쓰자'고 의식한 뒤 걸어보자. 걸으면서 스트레스를 날려버리는 것이 어느 정도 습관이 되면, 집을 나서기 전에 부부싸움을 했다거나 회사에서 안 좋은 일이 있었다고 해도 지하철역까지 걷다 보면 어느새 기분이 한결 좋아진다.

반드시 매일 하지는 않아도 꾸준히 하다 보면 무엇이든 습관이 될 수 있다. 계속하겠다는 의식을 가지는 것만으로도 효과가 지속되기 때문이다.

걸을 때는 목적의식을 가진다

산책의 좋은 점은 그냥 걷는 것만으로도 기분이 상쾌해진다는 데 있다. 하지만 걸을 때 어떤 목적의식을 가지고 걷는 습관을 들이면 또 다른 산책 효과를 기대할 수 있다. 이것이 내가 늘 목적의식을 가지고 걸으려고 노력하는 이유다. 예를 들어 좋은 생각을 떠올려야 한다는 생각이 들면 수첩과 삼색 볼펜을 주머니에 넣고 가까운 공원으로 산책을 나간다. 가끔은 개도 함께 데려간다. 그리고 걷기 전에 '이 공원을 한 바퀴 도는 동안 아이디어를 떠올리자'는 목적을 다시 한 번 생각한다.

그러면 신기하게도 아이디어가 샘솟는다. 일단 하나의 아이디어가 떠오르면 두 번째, 세 번째 아이디어는 차례차례 순조롭게 따라 나온다. 아이디어가 떠오를 때마다 잠깐씩 서서 메모하고 또 걷기 시작한다. 그러다 또 다른 아이디어가 생각나면 멈추고 메모한다. 그런 내 곁에서 개는 여기저기 냄새를 맡느라 코를 킁킁거리며 돌아다닌다. 이런 산책 시간은 직업상 아이디어를 끊임없이 만들어내야 하는 내게 더없이 소중한 시간이다.

 아무런 목적 없이 산책에 나서면 산책하는 동안 정신적으로 얻는 것이 거의 없다. 하지만 '마음에 여유 공간을 만들자', '아이디어를 건져보자' 등 구체적인 목적을 가지고 산책에 나서면 걷는 동안 마음이 상쾌해지고 아이디어가 샘솟는다. 걷는 행위와 걷는 목적이 상호작용을 한 결과다.

뒷골목에도 좋은 점이 있다

 목적의식을 가지고 걷는 습관을 들이기 위해 딱히 좋은 방법은 없다. 이 구두를 신고 걸으면 기분이 금방 좋아진다거나 이 길을 걸으면 상쾌해진다거나 하는 점이 사람마다 다르기 때문이다. 나도 퇴근길에 '조금 돌아가도 마음을 추스르는 데는 여기가 좋으니까, 이 길로 가자' 하는 생각이 들 때가 있다. 매일매일 빨리 집에 돌아가고 싶다는 생각이 들 리는 없지 않은가. 조금 더 시간이 걸리더라도 마음을 가라앉힌 뒤에 귀가하는 게 더 좋을 때도 있는 법이다.

이미 앞에서 번화가를 걸으면 마음에 생기가 돈다고 말한 바 있다. 카지모토 지로(梶井基次郎)의 단편 소설 《카케이 이야기(筧の話)》에는 아래와 같은 재미있는 대목이 있다.

내가 산책 다니는 길은 두 가지다. 하나는 계곡을 따라 걷는 마을 거리이고, 또 하나는 거리의 한 귀퉁이에서 계곡 위로 놓인 현수교를 지나 들어가는 산길이다. 마을 거리에는 볼 것이 많기 때문에 그곳을 걷다 보면 마음이 들뜨기 쉽다. 그에 비해 산길은 음기(陰氣)가 충만해서 쉽게 가라앉는다. 두 길 중 어디를 걸어볼까 하는 선택은 그날의 기분에 따라 달라진다.

기분을 좀 들뜨게 할까, 아니면 가라앉힐까. 기분에 변화를 줄까, 아니면 이 기분을 그대로 유지할까. 이렇게 날마다 달라지는 목적에 따라 걷고 싶은 장소도 달라진다. 논리적으로 깊이 생각하는 것이 아니라 기분 내키는 대로 하는 선택이다. 하지만 과거에 '여기서 기분이 긍정적으로 변했다' 라든가 '왠지 기분이 상쾌해졌다' 는 경험이 있으면, 그것이 선택을 결정짓는 중요한 힌트가 될 것이다.

이처럼 길을 선택한다는 것은 얼핏 사소한 일로 보여도 자신의 기분을 제대로 알아내는 감성을 단련하는 일과 관련이 있다.

하반신의 힘과
기력의 관계

발을 내딛으며 땅의 힘을 느낀다

보통 나이를 먹으면 체력만이 아니라 기력이나 집중력도 서서히 떨어진다. 물론 나이가 들어도 여전히 생산적인 사람도 있지만, 일반적으로는 집중력의 지속 시간이 짧아진다. 또, 의욕은 있지만 몸이 따라가지 않는 경우도 많다. 예전처럼 무리해서라도 일을 할 만큼 체력이 받쳐주질 않고 자신감도 많이 줄어든다. 나이가 들면 병에 걸려 체력이 약해지고 기력도 약해지는 경험을 누구라도 한 번쯤은 하기 마련이다. 그런데 이처럼 기력이 떨어지는 현상의 주요 원인은 하반신이 쇠약해지는 데 있다는 생각이 든다.

나는 충만한 기력은 '인생이 잘 풀리는 느낌'으로 연결되고, 이런 느낌에 젖어 지내는 것이 곧 행복이라고 생각한다. 인생이 소망하는 대로 잘 풀려나간다면, 뜻하는 일들이 하나씩 이루어지고 있다는 생각이 든다면, 그것이야말로 행복한 삶이 아닐까? 보통 행복감이라고 하면 무언가 즐거운 일과 기쁜 일이 있을 때 느끼는 들뜨고 기분 좋은 감각을 떠올리는 경우가 많다. 하지만 하반신에서 신체 내부를 타고 솟아오르는 힘이 주는 충만한 느낌도 행복감으로 연결될 수 있다. 발바닥과 발가락이 지면을 움켜쥐고 있는 듯하고, 다리가 대지 위에 확실히 우뚝 서 있는 듯한 감각은 자신감과 용기를 준다.

일본의 전통극 가부키를 예로 들어 살펴보자. 가부키에서는 '롯포(ろっ-ぽう, 가부키 배우들이 무대에서 보여주는 동작으로, 손발을 동시에 내저으며 위세 있게 걷는 걸음걸이를 말한다-옮긴이)'라는 동작이 있다. 롯포는 발로 땅을 디딜 때 왼손과 왼발, 오른발과 오른손을 같은 쪽으로 내미는 것이 특징이다. 롯포에도 여러 종류가 있는데, 가장 유명한 것은 〈칸진쵸(勸進帳)〉라는 가부키에서 주인공이 한쪽 발로 지면을 통통통 내리밟듯이 찍으며 퇴장하는 걸음걸이다.

기력이 약해졌을 때는 가부키 배우들처럼 땅을 꾹꾹 세차게 밟아보자. 하반신에 충실감이 느껴지고, 땅에서 에너지를 받는 듯한 기분이 들 것이다. 그리고 이 에너지는 우리 마음에 생기를 불어넣어준다.

같은 손발을 동시에 내젓는
'롯포'식 걷기

마음의 상태가 신체에 나타난다

우리는 거리에서 몸을 앞으로 굽힌 채 초조해하며 걷는 사람들을 자주 볼 수 있다. 보통은 가고자 하는 곳이 가까워지면, 걸음이 빨라지고 몸이 앞으로 기울어진다. 하지만 늘 고꾸라질 듯한 자세로 초조하게 걸으면 생산성을 높이기 어렵다. 나는 몸을 앞으로 굽히고 초조하게 걷는 사람을 보면, "침착하게 숨을 크게 들이마시고 마음을 가라앉혀보세요"라고 말하고 싶어진다.

신체의 자세는 마음의 상태와 관련이 있다. 현대인들이 걷는 자세는 대지와 관계가 끊어진 모습이다. 대지에 대한 감각을 되살리려면 가볍게 '땅을 발로 구르는' 감각부터 되찾아야 한다. 그리고 이를 위해 의식적으로 노력해야 한다.

하반신이 강한 일본인

현대인은 허리가 약하다. 온돌방에서 좌식 생활을 할 때는 양반 다리를 하거나 무릎을 꿇고 앉을 때가 많았다. 특히 어릴 때부터 허리나 배에 힘을 주고 꼿꼿이 앉도록 교육을 받았다. 게다가 쭈그리고 앉아 볼일을 보는 재래식 화장실은 하반신을 단련시키기 위해 만들어진 것이라는 생각이 들 정도로 강력한 트레이닝 효과가 있었다. 하지만 아쉽게도 요즈음은 이런 화장실을 거의 찾아보기가 힘들다.

옛날에는 무거운 짐을 지거나 메고 걸을 일도 많았다. 길도 오늘날처럼 매끈한 포장도로가 아니었다. 물건을 담은 광주리를 머리에 이고 울퉁불퉁한 길을 걸어가면 상체가 흔들려 물건을 쏟기 쉽다. 따라서 울퉁불퉁한 길이 주는 충격을 발목, 무릎, 허리로 잘 흡수해 상체가 흔들리지 않게 해야 했다.

또, 옛날에는 멜대를 멘 장삿꾼들도 많았는데, 멜대를 메고 갈 때는 양쪽에 실린 물건이 쏟아지지 않도록 더욱 상체의 균형을 잡아야 한다. 이때 하체가 튼튼하면 발바닥이 받는 충격을 발목, 무릎, 허리가 흡수해 안정된 걸음을 걸을 수 있다. 멜대를 맨 채 허리를 꼿꼿이 펴고 앞으로 나아가려면 하반신, 배, 척추를 지나는 몸의 중심축을 의식하며 걸어야 한다. 중심축이 흔들리면 메고 있는 짐이 쏟아져 제대로 걸을 수가 없다. 또, 짐의 무게를 지탱하기 위해서라도 땅을 힘껏 내딛는 힘이 필요하다.

옛날 아이들은 책보를 등에 메고 학교에 가거나 동생을 업고 다녔다. 심지어는 지게를 메고 산에 올라가 땔감을 구해오기도 했다. 등에 무언가를 메려면 발에 힘을 꽉 주고 땅을 딛으면서 허리의 중심을 잡아야 한다. 이는 일을 하기 위한 기본자세라고도 할 수 있다. 어린아이라 해도 이런 자세로 자꾸 걷다 보면 허리가 단련되고 걸음걸이가 확실해질 것이다.

나는 초등학생을 대상으로 하는 강좌를 진행하고 있다. 이 강좌에서는 아이들끼리 서로 업고 걸으며 암송이나 낭독을 하는 프로그램이 있다. 이때 친구를 등에 업는 행위는 머리로만 암송하지 않고 몸 전체로 암송하게 해준다. 친구를 등에 업어 하반신에 힘이 들어가면 혼자 걸을 때는 느끼지 못하는 발바닥이나 발가락의 느낌이 살아나고, 무릎으로 체중을 지탱하는 감각과 허리의 힘 등을 확실히 의식하게 된다.

사람이나 물건을 등에 업거나 메는 것이야말로 한 사람의 어른으로 독립하기 위해 거쳐야 할 중요한 과정이다. 사람은 등에 뭔가를 등에 업고 걸어가면서 강해진다. 하지만 요즈음은 그런 경험을 하기 힘들다. 그래서 나는 강좌를 들으러 오는 초등학생들에게 일부러 다른 사람을 업어주는 경험을 하도록 시킨다. 등에 뭔가를 업었을 때 몸 전체로 느낄 수 있는 감각에 눈뜨도록 해주고 싶어서다.

현대인들의 배나 허리 힘이 점점 약해지는 이유는 예전처럼 무거운 칼을 차지도 않고 큰 짐을 들거나 메지도 않으며, 누군가를 잘 업지도 않기 때문이다. 일본의 한 영화감독은 과거 배우들이 무사 역할을 맡아 칼을 차고 걷거나 달리면 아주 멋졌는데, 요즘 배우들은 허리가 휘청거려 영 어색하다고 했다. 그런데 신기하게 젊은 배우들도 계속 칼을 차고 생활하다 보면 허리에 힘이 생긴다고 한다.

달리기보다 걷기가 좋은 이유

나는 대학교 수업에서도 학생들이 몸을 사용하는 과정을 일부러 집어넣는데, 그중 하나는 학생들에게 강의실 밖으로 나가 걸어보게 하는 것이다. 내가 있는 메이지대학은 황궁과 가깝기 때문에 그 근처를 한 바퀴 돌 때가 가끔 있다. 이 코스는 상당히 시간이 걸리는 거리인데도, 산책을 마치고 강의실로 돌아온 학생들의 반응은 아주 좋다. 대부분 기분이 상쾌해지고, '자, 이제 공부를 시작해볼까' 하는 마음이 생긴다고 했다.

이런 에너지는 어디에서 오는 것일까? 아마도 발밑에서부터 올라오는 힘일 것이다. 학생들끼리 어울려 꽤 먼 거리를 걷는 동안, 땅을 디디는 발을 통해 기운이 보충된 것이다. 이처럼 장거리를 걷는 행위는 무슨 일이든 끈덕지게 달라붙어 해결하는 근성을 키우는 데도 도움이 된다.

오늘날처럼 교통수단이 발달하지 않았던 시대에는 아주 먼 곳까지도 며칠씩 걸려 걸어가야 했다. 심지어는 몇 달에 걸쳐 걸어서 이동하기도 했다. 현대 젊은이들이 근성이나 참을성이 부족한 이유도 어쩌면 옛날 사람들만큼 걷지 않기 때문은 아닐까?

달리는 것도 기운을 보충하고 근성을 키우는 데 도움이 되기는 한다. 하지만 달리고 난 뒤에는 몸이 갑자기 피로해지기 때문에 지친 기분이 드는 경우가 많다. 하지만 걷기는 달리기나 다른 스포츠에 비하면 별 무리가 없는 운동이다. 그리고 걷고 난 뒤에는 아직 걷고 있는 듯한 리듬이 몸에 남아 있어 앞으로 나아가는 듯한 기분이 계속 유지된다.

이때 느끼는 감각이 바로 '신체의 상태감'이다.

걷기는 긍정적인 마음을 만든다

오래 걸으면 신체의 상태감이 마음속에 깊이 새겨진다. 그 결과 일상 속에서도 앞을 향해 나아간다는 기분이 그대로 남아 있게 된다. 다카무라 고타로(高村光太郎)의 〈여행길(道程)〉이란 시에는 다음과 같은 구절이 있다.

내 앞에는 길이 없네.
내 뒤에는 길이 있네.
아아, 자연이여, 아버지여.

넓게 열린 마음으로 인생의 길을 걷다 보면 어느새 자신이 걷는 자리 위로 길이 생긴다는 교훈을 주는 시다. 우리의 삶에서도 이 시가 의미하는 바처럼 긍정적인 마음가짐과 몸의 자세가 서로 연관되어 있다는 생각이 든다.

한편 '앞으로 나아간다'는 뜻인 '전진적(前進的)'이란 말은 마음과 몸의 상태를 모두 표현할 수 있다. 예를 들어 '전진적 사고'라 하면 긍정적인 마음가짐을 뜻하고, '전진해서 나아간다'고 하면 신체가 앞을 향하고 있음을 뜻한다. 즉, 앞으로 나아가는 몸의 자세는 긍정적인 마음을 만드는 중요한 계기가 될 수 있다.

2
CHAPTER

30분 걷기로 에너지를 얻는다

마음이 안정되는 동양식 걷기

무게중심을 낮추면 마음에 여유가 생긴다

일반적으로 서양식 걷기가 건강을 위해 좋다고 생각한다. 서양식 걷기란 허리를 꼿꼿이 펴고, 배꼽 근처에서 두 다리가 나뭇가지처럼 갈라져나가는 모습으로 걷는 것이다. 이때 가능하면 무릎을 똑바로 펴고, 손을 크게 흔들며 보폭을 넓게 한다.

서양식 걷기는 마치 근대 산업혁명의 속도와도 같은 스피드가 느껴진다. 그리스, 로마가 발상지인 서양 문명은 '어쨌든 앞으로 나아가는' 정신을 바탕으로 한다. 이런 정신은 어느 한곳에 머물지 않고 앞으로 나아가 세계를 정복하는 제국주의의 발단이 되기도 했다.

허리를 펴고 앞으로 나아가는 '서양식 걷기'

서양식 걷기처럼 몸의 무게중심을 높은 곳에 두고 구름 위를 걷듯 걸어가면 점점 앞으로 나아가는 느낌이 생생해서 기분이 좋다. 용기 있게 세상과 마주한 사람이 씩씩하게 걷는 모습을 연상시킨다. 그래서 나는 서둘러 출근할 때나 러닝머신 위를 달릴 때 이런 걷기 방법을 택한다.

하지만 이 책에서는 동양식 걷기 기술을 강조하고자 한다. 이것은 내가 가부키, 스모, 가라테 같은 전통극이나 무예를 연구한 결과를 바탕으로 생각해낸 방법이다. 이 방법으로 걷다 보면 논에서 모심기를 할 때와 비슷한 감각이 살아나 동양인의 감성에도 잘 맞는다. 물론 동양식 걷기만 고집할 필요는 없다. 나는 때와 장소에 따라 동양식 걷기법과 서양식 걷기법을 확실하게 구분한다. 걷기법을 바꾸면 기분도 확 바뀌어 사물이나 상황을 판단하는 사고방식에도 영향을 끼치기 때문이다.

동양식 걷기의 핵심은 하단전(배꼽에서 손가락 세 마디 정도 아래로 내려간 곳)에 중심을 두어 몸의 무게중심을 낮추는 것이다. 이렇게 하면 마음이 차분해지고 안정된다. 세상일이나 주변에서 벌어지는 문제들과 떨어져 독립된 상태로 존재한다는 느낌이 가슴을 꽉 채운다.

우리는 주변에서 일어나는 잡다한 일들에 지나치게 구애를 받으며 살 때가 많다. 사소한 문제들로 전전긍긍하고 스트레스를 받는다. 하지만 매우 심각해 보이는 일도 한 발 떨어져서 보게 되면 그처럼 걱정하고 신경 써야 하는 큰일이 아닌 경우가 대부분이다. 예를 들면 '지금보다 처지가 나빠지면 어떡하지?' 라는 고민이 생겼다고 치자. 하지만 실제로 그런 일이 생긴다고 해도 자기 자신이 사라진다든가, 자신이 아닌 다른 사람이 되든가 하는 일은 일어나지 않는다. 설령 자신에게 조금 변화가 생긴다 해도 결국 나는 나다.

이렇게 사소한 일들에 대한 생각을 하나씩 버리다 보면, 내 안에 있는 '중심'을 느낄 수 있다. 불교에서 말하는 '번뇌를 버리는 과정'이란 이런 것이 아닐까?

일상생활에서 마음을 어지럽히는 여러 가지 사건이 있다고 해도, 잠시 중심을 내려놓고 한 발 한 발 땅을 디디며 걸어보자. 바람 같은 것이 자신의 내면을 훑고 지나가고, 잡념이나 문제가 날아가 버리는 느낌이 들 것이다. 이런 경험을 자주 하다 보면 평소에도 마음이 좀 더 안정된 상태로 변한다.

옛날 사람들은 하체의 힘이나 땅을 내딛는 힘이 요구되는 생활을 했기 때문에 몸의 중심 감각을 의식해야 할 경우도 많았다(몸의 중심에 대해서는 이미 1장에서 언급했다). 동양식 걷기를 권하는 이유는 바로 이 몸의 중심을 의식하면서 쉽게 약해지지 않는 마음의 힘을 키우기 위해서다.

동양식 걷기의 기초 지식

동양식 걷기를 시작할 때 꼭 알아둘 것은 하단전과 호흡의 관계다. 하단전의 '단전(丹田)'이란 말은 도교에서 쓰이는 용어다. 도교에서는 우리 몸의 에너지 중심이 되는 장소가 세 군데에 있다고 본다. 상단전, 중단전, 하단전이 바로 그것이다. 이 중에서 하단전은 단전호흡법에서 호흡의 중심으로 여기는 곳으로, 배꼽 아래에 있다는 뜻에서 '제하단전(臍下丹田)'이라고도 한다.

마음이 번뇌, 불안, 집착으로 가득 찼을 때 숨을 길게 내쉬며 배꼽 아래에 의식을 집중해보자. 괴로움이 어느 정도 진정될 것이다. 이 과정은 집착을 버림으로써 미혹을 끊어버리는 불교의 사고방식과도 통한다. 석가모니는 하단전을 의식하며 숨을 가늘고 길게 내쉬는 호흡법을 통해 깨달음에 이르렀다는 설이 있다. 숨을 길고 가늘게 내쉬는 호흡법은 원래 요가의 기술인데, 석가모니를 통해 '아나파나삿티(安般守意)'라는 방법으로 변형되어 불교에 침투된 것으로 보인다.

마음의 상태를 표현하는 어떤 말들은 신체의 부위와 밀접한 관련이 있다. 예를 들어 연애할 때는 '가슴이 두근거린다', '가슴이 먹먹하다', '심장이 터질 것 같다' 같은 말을 자주 한다. 이때 하단전을 의식해 천천히 호흡을 하면서 그 기분을 가라앉히면 연애의 재미가 사라진다. 모처럼 사랑의 예감으로 두근거리며 초조함

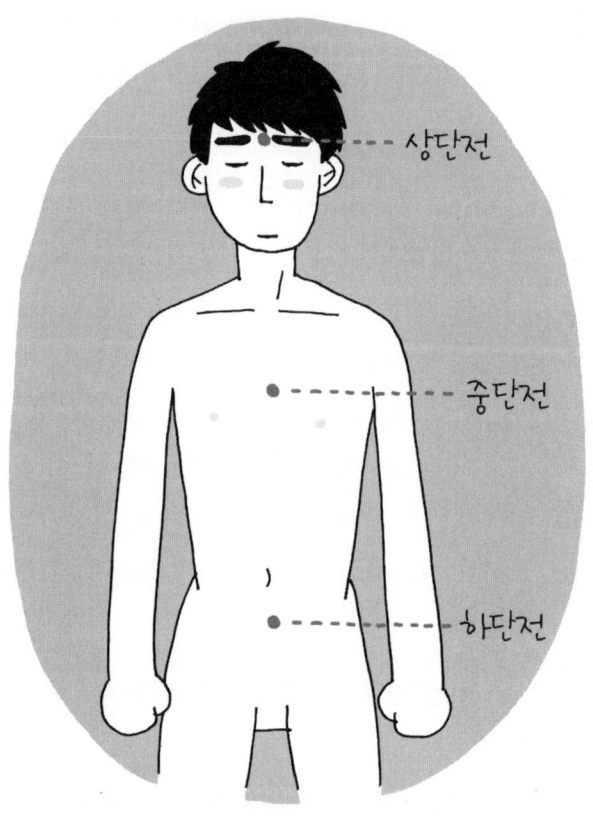

우리 몸의 에너지 중심이 되는 장소, '단전'

을 즐기고 있는데, 미혹을 끊어버리자며 명상 모드에 들어가면 사랑의 번뇌와 함께 인생의 소소한 아름다움도 사라져버린다.

　이처럼 괴롭다든가 불안한 느낌은 가슴과 관련이 있다. 그러면 분노는 신체의 어떤 부위와 관련이 있을까? '화가 머리끝까지 치솟는다'고 할 때는 그나마 분노가 폭발할 정도는 아닌 것 같다. '속이 부글부글 끓는다'거나 '배알이 뒤틀린다'는 말까지 나오면, 상대를 용서할 마음이 조금도 들지 않을 만큼 화가 난 것이다. 분노를 표현하는 말은 신체의 아랫부분으로 내려올수록 감정이 위험수위까지 차오른다고 하겠다.

　원래 하단전은 마음의 평정을 나타내는 신체 부위이기 때문에 이곳에 신호가 올 정도로 분노의 감정이 격해지면 어떻게 해볼 도리가 없다. 하지만 반대로 하단전에 의식을 집중해 마음을 안정시키면 분노와 같은 격한 감정도 가라앉힐 수 있다.

동양식 걷기의 기본자세

　이제부터는 감정을 가라앉힐 수 있는 걷기법을 소개해볼까 한다. 운동을 할 때 기본자세를 익히는 게 중요한 것처럼, 걷기를 통해 마음을 다스릴 때도 자세부터 제대로 익힐 필요가 있다. 기본자세는 자유를 제한하는 것이 아니라 더 큰 자유를 얻기 위한 토대다. 기본자세를 제대로 익히려고 연습하다 보면 더 큰 세계로 나아갈 수 있는 자기만의 기술이 생기기 때문이다. 내가 제안하는 동양식 걷기의 기본자세는 어려운 것이 아니다. 여러분도 설명을 잘 읽고 꼭 실천해보기 바란다.

중심을 의식하는 법

배꼽에서 손가락 세 마디쯤 아래에 있는 하단전을 의식해보자. 이 중심이 수직으로 내려간다고 상상해보고, 동시에 이 중심이 대나무가 앞쪽으로 쑥쑥 자라나듯 하단전에서 수평 방향으로 나아가는 모습도 그려본다. 이때 아랫배에서 수평 방향으로 나아가는 선과 땅, 하늘, 몸의 중심을 관통하는 선이 만나는 지점을 하단전이라고 의식한다. 이렇게 하면 허리가 안정되어 평소에 잘 넘어지거나 좌우로 몸을 흔들며 걷던 사람도 똑바로 걸을 수 있다.

다리

무릎을 완전히 펴지 않은 상태에서 발을 끌며 한 걸음 한 걸음 확인하듯이 걷는다. 낙엽이 융단처럼 깔린 곳을 걸을 때 낙엽 밟는 느낌을 즐기는 듯한 걸음걸이다. 이렇게 걷다 보면 속도는 느려질 것이다. 하지만 몸의 중심을 낮춘다고 생각하며 걸으면 그다지 부자연스럽지는 않을 것이다.

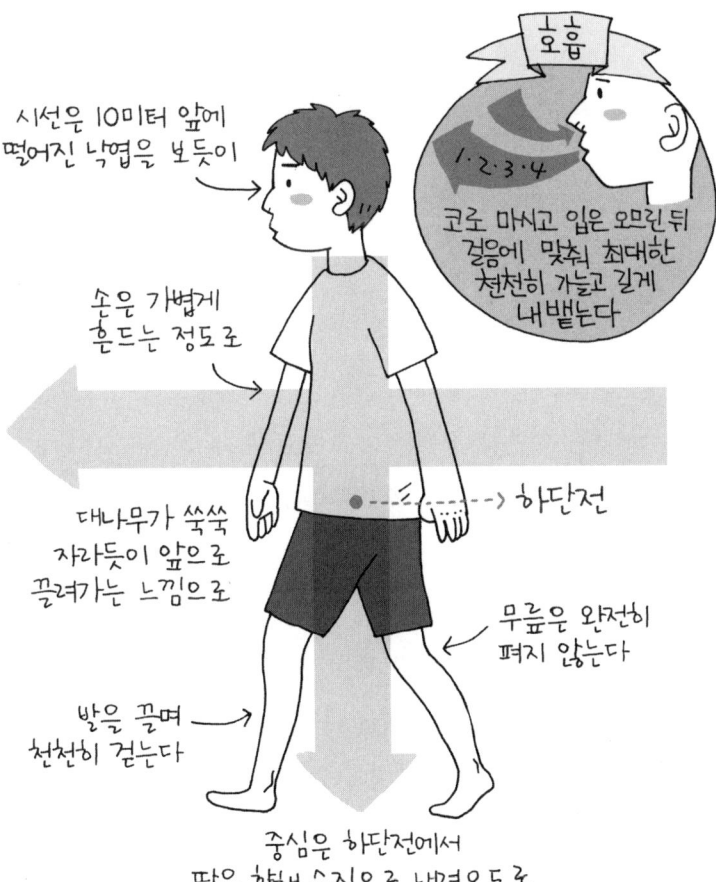

상반신

하반신은 강하게, 상반신은 부드럽게 유지한다. 하반신 위에 상반신을 살짝 얹어놓고 걷는다고 상상하며 상반신에 힘이 들어가지 않도록 한다. 상반신만 명상에 들어간다고 생각해도 좋다. 손은 의식하여 크게 흔들거나 굽히지 말고, 자연스럽게 흔들리도록 내버려둔다. 시선은 너무 멀리 두지 말고 10미터 앞에 떨어진 낙엽을 바라보듯 한다.

호흡

단전호흡법을 이용하면 한층 마음을 가라앉히기 쉽다. 즉, 하단전을 의식하면서 코로 숨을 가볍게 들이마시고 입으로 조금씩 숨을 내쉰다. 숨을 내쉴 때는 입을 오므린다는 느낌으로 최대한 천천히 오랫동안 내뱉는다. 발걸음 수를 '하나, 둘, 셋' 하고 세면서 천천히 숨을 내쉬는 것도 좋은 방법이다. 숨을 다 내쉬었으면 다시 숨을 마셨다가 천천히 내뱉는 과정을 반복한다.

나는 앉아서 단전호흡을 할 때 3초 동안 들이마시고, 2초 동안 멈추고, 15초 동안 내뱉는 방식을 취한다. 하지만 걸을 때는 몇 초인지 세기보다는 발걸음 수에 맞춘다.

숨을 내쉴 때는 10초 정도라도 상관없다. 혹은 마라톤 경주를 할 때처럼 한 번 들이마시고 두 번 내뱉는 호흡법을 써도 좋다. 중요한 것은 하단전을 의식하면서 숨을 길게 내쉬는 것이다. 단전호흡법은 5분 정도만 집중해서 해도 명상을 할 때처럼 마음이 쉽게 가라앉는 장점이 있다.

석가모니는 중생들을 향하여 "홀로 걸으라"고 했다. 우리는 어디서 어떤 모습으로 누구와 함께 살든 홀로 죽음을 맞이해야 한다. 홀로 걷는다는 의식을 가지고 인생을 살지 않으면 생의 의미를 진정으로 깨닫기 어렵다. 나는 이 '홀로 걸으라'는 말을 '자신의 호흡과 함께 걸으라'는 메시지로 받아들인다. 호흡에는 우주의 역사나 생명의 진화 과정이 녹아 있다. 호흡과 함께 걸으면 우주의 근원적인 에너지와 접할 수 있다.

일본 전통 예능과 걷기

내가 이 책에서 제시하고 있는 동양식 걷기는 일본의 전통극 중 하나인 '노(能, 14세기에 탄생한 전통극으로 일본 귀족들의 대표 가무극-옮긴이)'에서 볼 수 있는 걷기와 비슷하다. 노에서 배우들이 걷는 걸음걸이를 보면 무릎을 가볍게 굽히고 하단전을 의식하며 발을 끌면서 나아가는 것을 알 수 있다. '하코비(運び)'라 부르는 이런 걸음걸이에 대해 천재적인 노 전문 배우 칸제 히사오(観世寿夫)는 다음과 같이 말했다.

'노'는 흔히 걷기 무용이라고도 한다. 노에서 볼 수 있는 배우들의 동작에서 가장 기본이 되는 것이 바로 하코비(걸음)이기 때문이다. 배우가 아무 말 없이 그냥 무대를 한 바퀴만 돌아도, 관객은 하코비의 리듬을 통해 무언가를 느낀다. 한 발 앞으로 내미는 데서 기쁨을 느끼기도 하고, 한 발 뒤로 물러서는 데서 슬픔을 느끼기도 한다. 걸음걸이의 강약과 속도 조절이 모든 연기 표현의 근간을 이룬다고도 할 수 있다.

노의 걸음걸이라고 하면, 가장 인상적인 것은 발을 지면에서 크게 떼지 않고 지면을 쓸 듯이 걷는 것이다. 특히 상체가 아래위로 흔들리지 않는 상태로 무대 위에서 아름다운 선을 그리며 걷는 것을 중요시한다.

《칸제 히사오 저작집 2 가면의 연기(觀世寿夫著作集二 仮面の演技)》

이 글을 통해 노라는 전통극이야말로 걷기가 무엇인지를 극단적인 형태로 나타내면서 예술로 승화시킨 것임을 알 수 있다. 관객의 입장에서 보면 노의 걸음걸이는 한 걸음 한 걸음이 너무 느려 신비롭게 느껴진다. 하지만 연기하는 배우는 일거수일투족에 신경을 곤두세우고 있기 때문에 느리다는 생각이 들지 않는다. 몸을 천천히 움직이고 있지만 그 속에는 배우들의 긴장감이 팽팽하기 그지없다. 이런 긴장은 어느 틈에 관객들에게도 전해져 감동을 불러일으킨다.

내가 주장하는 동양식 걷기는 땅과 대화하듯이 땅의 힘을 의식한다는 점에서 히지카타 나츠미(土方巽)의 현대무용과도 닮았다. 히지카타의 무용에서 무용수들은 땅과 연결되어 있는 듯한 안정감을 바탕으로 움직인다. 몸의 중심을 낮게 잡고 모내기를 연상시키는 자세로 걷는 걸음은 서양의 현대무용에서는 보기 힘든 것이다.

서양식 걷기는 하늘로 쭉쭉 뻗어 올라가는 이미지다. 반면 몸의 중심을 낮게 잡고 나아가는 동양식 걷기는 속도는 떨어지지만 한 발 한 발 내디딜 때마다 땅에서 힘을 받는 듯한 모양이다.

소리 내면서
걷기의 효과

말을 하면서 걸으면 활력이 생긴다

나는 힘을 내고 싶을 때면 유행가 가사를 흥얼거리며 걷는다. '인생엔 즐거움도 있고 괴로움도 있네' 라든가, '뒤따라오는 것에 추월당하여 울고 싶지 않으면 걸어라' 라는 가사 등을 흥얼거리다 보면, 단조로운 리듬이 마음을 가라앉혀 주곤 한다.

뭔가를 중얼거리며 걷다 보면 목적의식이 높아지고, 리듬이나 박자가 몸에 스며든다. 어쩌면 걷는 것 자체가 율동적인 움직임이기 때문에 걷다 보면 일정한 박자가 만들어지고 입에서 노랫말도 흘러나오는 것인지도 모른다.

배우들은 걸으면서 대본을 외우는 경우가 많다고 한다. 나는 그 모습을 직접 본 적이 있었는데, 걸으면서 소리를 내어 읽는 배우들의 대사에 어느새 규칙적인 리듬이 생긴다는 것을 확인할 수 있었다.

대학에서 강의할 때였다. 학생들에게 의자에 앉은 채로 시를 낭송하도록 했는데, 학생들은 곧 숨이 차올라 매끄러운 목소리를 내지 못했다. 나는 학생들에게 서서 낭송하도록 했다. 그러자 목소리에 생기가 돌았다. 혹시나 하는 마음에, 학생들에게 걸으면서 낭송하도록 했더니 학생들은 리듬감과 억양을 갖춰 끝까지 낭랑한 목소리로 낭송했다. 걸으면서 낭송한 학생들은 기분까지 상쾌해졌다고 하면서 놀라워했다.

마음이 복잡해질 때마다 나는 석가모니가 말한 '번뇌를 끊고 홀로 가라'라는 문장을 소리 내어 말하면서 걷곤 한다. 그러면 마음에서 잡다한 생각들이 떨어져나가 본래의 나 자신을 더 쉽게 들여다볼 수 있다. 기분을 상쾌하게 하는 데는 이것처럼 좋은 방법이 없다.

걸으면서 공부하면 외우기 쉽다

어떤 운동장에 학생이 수백 명 정도 있다고 하자. 그들에게 시를 한 편 주고 걸으면서 암송하도록 하면, 각자 걸으면서 중얼거리는 동안 혼자만의 세계에 빠져드는 것을 볼 수 있다. 주변에 몇백 명의 학생이 있더라도 철저하게 혼자가 될 수 있다. 이처럼 걷기는 낭송만이 아니라 암송에도 아주 큰 도움을 준다.

어떤 것을 외우려고 때 책상 앞에 앉아 있기는 한데, 능률이 오르지 않을 때가 있다. 심지어는 꼼짝 않고 앉아 있다가 자기도 모르게 졸 때도 있다. 외우기에 서툰 사람일수록 이런 경향이 강할 것이다. 그리고 나이를 먹을수록 책상 앞에 앉아 공부에 집중하기가 쉽지 않다. 하지만 걸으면서 소리를 내어 읽다 보면 외우기가 훨씬 쉽다. 예를 들어 네 줄 정도로 이루어진 한시 한 편을 걸으면서 암송하는 데는 20분 정도면 충분하다.

걸으면서 공부하는 것은 역사상 많은 위인들이 선택한 방법이기도 하다. 히비야 공원의 설계자이자 막대한 자산가로도 유명한 혼다(本多) 박사의 다음 글을 읽어보자.

나는 한 번 낙제를 경험한 뒤부터는 맹렬히 공부했다. 일단 과목마다 노트에 필기한 내용을 전부 암기했다. 하지만 이렇게 공부에만 매달리다 보니 운동 부족으로 위장병과 눈병에 걸리고 말았다. 그래서 이대로는 도저히 안 되겠다 싶어 생각해낸 방법이 '엑기스 암기법'이었다.

매일 학교에서 돌아오면 그날 필기한 것을 통독한 뒤에 그중에서 중요한 내용만 골라 몇 분의 일이나 몇십 분의 일까지 줄여서 요약

했다. 그리고 이것을 다른 종이에 작은 글씨로 옮겨 적었는데, 시험 직전이 되면 과목마다 두세 장에서 대여섯 장에 이르렀다. 나는 이것을 산책 나갈 때마다 주머니에 넣고 가서 중얼거리며 외웠다. 가끔 너무 열중해서 외운 나머지, 지나가는 소나 말과 충돌하는 일도 있었다.

혼다 박사는 걸으면서 공부하는 방법이 운동하는 효과까지 있어서 시험과 건강 모두에서 큰 덕을 본 것은 물론, 공부가 재미있어졌다고 한다. 그는 어릴 때 부친을 여의고 고학으로 공부해 동경대 교수가 된 대단한 노력가였다. 그런 그가 걸으면서 암기하는 공부법을 실천했다는 것은 주목할 만한 일이다.

길을 걸으며 소리 내어 중얼거리는 일을 부끄럽게 여기는 사람이 의외로 많다. 하지만 예전에는 시에 가락을 붙여 노래를 부르며 길거리를 지나가는 사람들이 많았다. 그러고 보니 예전에 이탈리아에 갔을 때 거리에서 칸초네(이탈리아의 대중음악-옮긴이)를 부르며 걸어가는 여성을 본 적이 있다. 이상하기보다는 재미있다는 생각이 들었다.

신세타령이나 욕을 중얼거리며 지나가는 사람은 주변에 불쾌한 감정을 불러일으킨다. 하지만 노래를 부르거나 시를 외우며 지나가는 사람은 다른 사람의 문화적 정서를 자극하고, 때로는 기분을 좋게 만들기도 한다. 나는 명문장이나 좋은 시를 낭송하며 거리를 걷는 사람이 많아졌으면 한다. "지금 지나간 사람, 이백의 시를 읊고 있군", "저 사람이 셰익스피어의 대사를 외우고 있어" 하며 낯선 사람을 슬쩍 돌아보게 될 날이 언젠가 찾아오기를 기대해본다.

30분 걷는 힘 기르기

짐을 들고 걷는 요령을 익힌다

　모처럼 새로운 일을 시작해도 지속적으로 해나가지 못하는 성격이라면 산책 역시 습관으로 만들기가 어려울 것이다. 하지만 꼭 성격 때문이 아니라 체력을 갖추지 못해 포기하는 경우도 많다. 산책을 위한 체력이란 단순히 근력을 키우는 일과는 다르다. 우선 걷는 요령을 파악한 뒤에 최대한 헛된 곳에 힘을 쓰지 않고 걷는 능력을 키워야 한다. 이를 위해 먼저 러닝머신을 활용해 걷기 속도를 차츰 높여가며 연습하는 것도 하나의 방법이다.
　처음에는 보통 걷기 속도와 비슷하게 시속 4킬로미터 정도로 달린다. 그리고 이 속도에 익숙해지면 0.2킬로미터씩 속도를 높여간다. 이 정도는 속도를 높였다는 느낌을 주지 않기 때문에 별 무리가 되지 않는다. 그리고 더 이상 속도를 높이기 힘들다는 생각이 들 때부터 서서히 다시 속도를 낮추기 시작한다.

이런 식으로 시속 4킬로미터까지 내려가면 처음 시작할 때와는 달리 아주 느린 속도라는 생각이 든다. 타자석에서 대기 중인 야구 선수가 본래 배트보다 더 무거운 배트로 준비 동작을 하는 것도 이런 원리에 따른 것이다. 나는 보통 시속 6킬로미터 정도로 걷는다. 시속 7킬로미터가 넘으면 경보 선수처럼 걸어야 해서 힘들지만, 차츰차츰 속도를 높이다 보면 이것에도 익숙해진다. 빠른 속도로 걷다 보면 느린 속도로 걷는 것이 쉬워진다. 일종의 훈련 효과다. 나는 원래 느리게 터덜터덜 걷는 편이었는데, 이 훈련을 통해 걷기 요령을 터득할 수 있었다.

걷는 자세가 잘못되었거나 필요하지 않은 근육에 힘이 들어가면 빠른 속도로 걷기가 힘들다. 하지만 서서히 속도를 높여가면 합리적으로 걸을 수 있다. 즉, 헛된 힘을 쓰지 않는 요령을 알게 되어 걷는 속도를 차츰차츰 부드럽게 높여갈 수 있다.

양손에 덤벨을 들고 걷거나 뭔가를 등에 메고 걷는 것도 신체의 중심 감각을 기르는 데 도움이 된다. 발에 힘을 주고 땅을 꾹꾹 밟으면서 걷지 않으면 등이나 어깨에 무리한 힘이 들어가도 잘 알 수 없다. 하지만 뭔가를 메고 걸을 때는 등이나 어깨에 무리한 힘이 들어가면 금세 피곤해진다. 그래서 보다 적은 에너지를 사용하여 균형 있게 걸으려고 이런저런 궁리를 하게 된다. 그 결과 발바닥에 중심을 두고 걸으면 크게 무리하지 않고 오래 걸을 수 있다는 것을 알게 된다.

발에 힘을 주고 땅을 꾹꾹 밟으며 걷기 위해서는 언덕길을 걷는 것도 좋은 방법이다. 경사진 길에서는 한 발 한 발 꾹꾹 밟으며 걸어야 하기 때문에 좀 힘들기는 해도 땅을 밟는 감각을 충분히 느낄 수 있다. 산길을 걷거나 러닝머신의 경사 기능을 이용하는 것도 좋다.

30분 걸으면 발에 생명이 머문다

발에 힘을 주고 땅을 꾹꾹 밟으며 걸으면, 걷고 난 뒤에 큰 성취감을 느낄 수 있다. 그리고 30분 이상 걸으면 이상하게 자신감이 생기기도 한다. 나도 처음부터 무턱대고 걷기를 좋아했던 것은 아니었다. 처음에 '30분 정도' 걷겠다는 생각으로 집을 나섰을 때는 마음이 무거웠다. 일단 걷기 시작해서 5분이나 10분 정도 지나면 힘이 들면서 고비가 찾아온다. 하지만 이때부터 15분 정도만 지나면 기분이 상쾌해진다. 이런 상태로 30분 정도가 될 때까지 계속 걷고, 그 후부터는 그때그때 상황에 맞춰 더 걷거나 멈추거나 한다.

이렇게 다 걷고 나면, '30분 정도는 충분히 견딜 수 있어' 라는 생각이 들고 스스로의 끈기에 대해 자부심마저 느끼게 된다. 그리고 이것은 할 수 있다는 자신감으로 연결되어 몸에서 힘이 솟는다. 가끔은 10분 정도만 걸어도 이런 기분을 맛볼 수 있다. 그 후로 20~30분 정도 계속 걷다 보면 뭔가 발 자체에 또 다른 생명이 존재하는 듯한 느낌이 들고, 나중에는 하반신이 독립된 생명체로 움직이는 것 같은 기분이 든다.

어떤 운동에든 이런 분기점이 있다. 걸을 때도 이런 분기점을 넘어서면 굳이 자신의 의지로 걷겠다고 생각하지 않아도 걷기가 지속된다. 처음엔 피로감을 느끼기도 하지만 이 단계를 넘어서면 한동안 피로감을 느끼지 않은 채 운동을 계속할 수 있다. 몸이 허약하다고 느끼는 사람일수록 30분이라는 목표를 정해놓고 힘을 내서 걷는 습관을 키워보자. 차츰 걷기에 익숙해지면서 자신감이 붙을 것이다.

3
CHAPTER

산책으로 상상력과 사고력을 높인다

걸으면서
아이디어를 얻는다

산책에서 영감을 얻다

   흥미롭게도 위인이나 현자들의 이야기에는 평소처럼 산책을 즐기다가 아이디어를 얻는 내용이 자주 나온다. 철학자 칸트도 생각을 하기 위해 매일 규칙적으로 같은 시간에 산책을 나갔다. 그런데 그 습관이 너무 규칙적이어서 주변 사람들이 칸트의 산책을 보고 시계를 맞출 정도였다고 한다.
   이처럼 철학자나 사상가에게는 걸으면서 생각하는 습관이 그리 드문 일이 아니었다. 대표적인 경우가 고대 그리스의 철학자 아리스토텔레스다. 아리스토텔레스학파를 '소요학파〔이때 '소요(逍遙)'란 마음 내키는 대로 걸어 다니는 것을 말한다〕'라고도 한다. 아리스토텔레스의 제자들이 학원의 회랑을 걸어다니며 사색하고 토론을 했기 때문에 붙여진 이름이다. 일본의 철학자 니시타 기타로(西田幾多郞)도 걸으면서 사색하는 것으로 유명하다. 교토의 긴카쿠지 사찰 부근에는 '철학자의 길'이 있는데, 바로 니시타가 걸으며 사색에 잠겼던 곳이다.

발명왕 에디슨도 걸으면서 아이디어를 얻는 습관이 있었다. 그는 자신의 연구소가 있는 먼로파크의 잡목림을 산책하기를 좋아했다. 그래서 거의 매일 숲 속 오솔길을 거닐면서 발명에 대한 아이디어를 떠올리거나 다듬었다고 한다. 위대한 과학자 아인슈타인도 걸으면서 아이디어를 얻는 경우가 많았다. 그는 학생들과 토론을 하며 언덕을 오르다가 갑자기 멈춰 계산을 하곤 했는데, 이때 일반상대성 이론의 힌트를 얻었다고 한다.

음악가 중에도 산책을 좋아하는 사람은 많다. 베토벤은 독일의 하일리겐슈타트라는 시골 마을에 머물 때 거의 매일 야산을 산책하며 지냈다. 그리고 시냇물이 졸졸 흐르는 아름다운 자연에서 느낀 감동을 전하고자 〈전원 교향곡〉을 썼다.

일본의 유명한 소설가 나쓰메 소세키가 쓴 《풀베개》에도 주인공이 산길을 걸으며 사색에 잠기는 부분이 있다. 다음과 같은 구절을 보면 그가 단순히 책상 앞에 앉아 상상한 내용이 아니라는 것을 알 수 있다.

산길을 오르며 이렇게 생각했다. 머리로 일하면 모가 난다. 마음이 가는 대로 일하면 그르친다. 고집을 부리면 사람이 옹색해진다. 어쨌든, 인생은 살기 어려운 것이다.

〈풀베게〉의 인상 깊은 첫 구절로, 한 청년 화가가 온천을 찾아 걸어가면서 지금까지 살아온 세상과 자기 자신을 돌아보는 부분이다. 나쓰메 소세키는 〈풀베게〉 말고도 여러 작품에 이곳저곳 걷기를 좋아하는 주인공을 등장시킨다. 아마도 산책을 즐겼던 작가 자신의 취향이 고스란히 반영된 것이리라.

마음에 여백이 생기면 사고력이 커진다

언젠가 텔레비전에서 장기(將棋) 기사 하부 요시하루(羽生善治)가 산책과 관련된 인상적인 말을 한 적이 있었다. 그는 대국의 중간에 잠시 쉴 때 반드시 20~30분 정도 걷는다고 한다. 대국 장소를 나와 식당까지 걸어가면서 장기에 대해 잊어버리려고 애쓴다는 것이다. 꽤 빠른 속도로 걸어가 밥을 먹고 돌아오는 동안 뇌를 쉬게 하기 위한 행동으로 보인다.

대국을 할 때는 한 수 한 수에 집중하기 때문에 머릿속이 온통 장기 생각뿐일 것이다. 하지만 쉬는 시간에 그 자리를 떠나 걸으면 장기에 대한 생각을 떨치고 기분 전환이 된다. 비좁아 터질 것 같던 마음 한구석에 여유 공간이 생기는 것이다.

이렇듯 마음에 여백이 생기면 새로운 것이 들어올 수 있다. 늘 새로운 것이 샘솟는 뇌와 마음을 만들기 위해서는, 걸으면서 기분 전환을 하는 것처럼 좋은 방법이 없다. 산책은 영감과 아이디어를 얻는 데 많은 도움을 주는 습관이라 할 수 있겠다.

이처럼 걷기가 사고 능력이나 발상 능력과 관련 있다는 이야기는 수도 없이 많다. 뇌과학자 이케다 슈우지(池谷裕二)는 뇌가 흔들리면 아이디어가 저절로 나온다고 주장했다. 다만 뇌의 흔들림에도 좋은 것과 나쁜 것이 있는데, 좋은 흔들림이 생기는 곳은 뇌 속의 해마라는 부분이다. 해마에서는 세타파(θ波, 사람의 뇌파에서 1/8~1/4초의 지속 시간을 갖는 뇌파의 일종 – 옮긴이)라는 뇌파가 나오는데, 처음 가는 장소를 걸을 때 특히 많이 나온다. 그래서 바깥 세계로 눈을 돌려 사색에 잠길 때 아이디어가 가장 잘 떠오르는 것이다.

영감을 얻는 산책기술

아스팔트 위에서도 영감을 얻을 수 있다

걷다가 무엇인가를 볼 때, 우리의 마음은 그것과 화학반응을 일으킨다. 그리고 그 반응의 결과 불꽃이 튀듯 새로운 아이디어가 떠오른다. 산책을 하면서 이런 순간처럼 즐거울 때도 없다.

영감이라고 하면 흔히 자연 속을 거닐 때 얻을 수 있는 것으로 생각하기 쉽다. 하지만 도심의 소음 속을 거닐 때 얻게 되는 영감도 있다. 도시에 살면 자연 속을 걸을 일이 거의 없기 때문에, 나는 아스팔트 위에서도 영감을 얻을 수 있도록 바깥세상을 받아들이는 방법을 연구하기 시작했다. 그중 하나가 바람을 느낀다거나 가로수나 길가에 심어놓은 꽃을 바라보면서 걷는 것이다. 평소에

는 무심코 지나치던 곳도 잘 관찰하면 작은 자연을 느낄 수 있다. "이 길 가로수가 아주 좋군", "벌써 봄이 왔네" 하면서 도심 속에서도 어느 정도 자연을 만끽할 수 있다.

또 하나는 변화가를 걸으며 자극을 받는 것이다. 사람들이 붐비는 곳에는 당시에만 맛볼 수 있는 특유의 자극이 있다. 그런 자극들을 무심히 바라보며 걷다 보면, 그것들이 마음에 하나하나 부딪혀 그때마다 작은 반응들을 만들어낸다. 그 결과 도심을 걸을 때만 맛볼 수 있는 특유의 정서가 싹튼다.

밖에 나가 걸으면 다른 사람들도 걷고 있거나 뭔가가 움직이고 있어 주변의 기운이 시간과 함께 흘러가는 것을 느낄 수 있다. 이런 느낌은 우리의 마음에 다양한 자극을 준다. 신선한 공기를 느낄 수 있는 자연 속에서는 덥다든가 바람이 분다든가 하는 자극이 있고, 도심의 소음 속에서는 사람들이 떠드는 시끌벅적한 목소리 같은 자극이 있다. 이런 자극은 우리의 마음에 크고 작은 감동을 만들고, 뇌를 자극하여 영감을 불러일으킨다.

내면에 집중해 아이디어를 얻는다

영감을 얻는 것과 아이디어를 떠올리는 것은 매우 비슷하다. 아이디어는 대개 여러 경험과 지식이 그물망처럼 연결되는 과정에서 떠오른다. 외부에서 우리의 내부로 불쑥 들어오는 것이 아니라, 내부에 있던 것들이 서로 연결되면서 불꽃이 튀듯이 생겨나는 것이다. 이는 자신의 내부에서 동떨어져 있던 것들을 서로 의미 있게 연결시키는 일이기도 하다. 그런데 이런 연결 작업에 성공하려면 생각을 집중하여 '아이디어 떠올리기 작업'을 해야 한다.

아이디어를 떠올릴 때의 집중 상태는 텔레비전을 보고 있을 때의 집중 상태와 다르다. 텔레비전에 집중하고 있을 때는 외부로부터 제공되는 세계 속에서 놀고 있는 듯한 기분이 든다. 하지만 아이디어를 떠올릴 때는 자신만의 내면세계로 들어가 외부와는 멀어지는 듯한 느낌이 든다.

자신만의 내면세계로 들어가는 일은 쉽지 않다. 그래서 보통은 내면에 집중하기 위해 특별한 자세를 취한다. 우선 생각을 이마의 한가운데에 집중시키고 얼굴에 손가락을 가져다 댄다. 왼손의 엄지손가락은 광대뼈에, 집게손가락과 가운데손가락은 이마에, 약손가락은 미간에 대고 고개를 숙인 상태에서 눈을 가늘게 뜬다. 그리고 아이디어가 떠오르면 오른손으로 메모를 한다.

생각에 깊이 빠지다 보면 저절로 이런 상태가 되는데, 이는 확실히 집중이 잘되는 자세다. 그래서인지 나 역시 길을 걷다가 나도 모르게 이마로 손이 갈 때가 많다. 미간 위 이마의 한가운데에 전두엽이 있기 때문일까? 이 부위에 집중하면 확실히 아이디어를 떠올리기 쉽다.

아이디어를 떠올리기 위한 걷기

중심 잡는 법을 바꿔본다

어떤 일에 생각을 집중하고 걸을 때는 나도 모르게 고개를 약간 숙이고 발끝에 중심을 두게 된다. 걷는 속도는 그다지 빠르지도, 느리지도 않은 상태다. 하지만 영감을 얻기 위해 걸을 때처럼 주변을 두리번거릴 때는 앞으로 기울어진 몸을 펴고 발뒤꿈치에 중심을 두게 된다. 이렇게 하면 내면에 집중할 때와는 대조적으로 바깥 세계의 기운을 받아들이는 듯한 자세가 된다. 이때 외부로부터 자극을 받으면, 자기도 모르게 "아!" 하고 아이디어를 떠올리게 된다. 이처럼 내면을 파고들며 집중하는가, 바깥을 향해 눈을 돌리는가에 따라 걸을 때 몸의 중심이 달라진다.

사람에 따라 중심 잡는 법이 달라지기도 한다. 스포츠 분야에서도 중심 잡는 법과 신체의 관계에 대해 설명하는 '4 스탠스 이론(Four Stance Theory)'이 있다. 이 이론에 따르면, 구두의 앞축과 뒤축, 왼쪽과 오른쪽 중 어느 곳이 얼마나 닳느냐에 따라 우리 몸을 네 가지 타입으로 나누어 훈련할 때 응용한다.

체중 분배계를 만든 노구치 하루치카(野口晴哉)는 신체의 어떤 부분에 몸무게가 많이 실리는지에 따라 습관이 어떻게 달라지는지를 연구했다. 노구치는 같은 물건을 들고 있어도 얼굴에 힘을 주고 찡그리는 사람, 어깨에 힘을 주는 사람, 허리에 힘을 모으는 사람 등 여러 가지 타입이 있다는 데 주목했다. 그의 조사에 따르면, 힘을 많이 주는 부위가 가장 먼저 피곤해진다고 한다.

나는 중심을 낮게 잡는 동양식 걷기법과 높게 잡는 서양식 걷기법을 번갈아 실천하고 있다. 상황에 맞게 걷기법을 바꾸면, 기분을 전환하기도 쉽고 생각에도 변화를 줄 수 있다.

장소를 바꿨을 때 얻는 효과

사람들은 새로운 아이디어가 필요하면 다른 사람들과 회의를 한다거나 누군가를 찾아가 상의하곤 한다. 이때 대부분은 실내에서 이야기를 나누지만, 정말 중요한 이야기를 나눌 때는 "잠깐 밖에 나갈까?" 하면서 나가는 경우도 있다.

이 책 첫머리에서 이미 밝혔듯이, 나는 실내에 있다가 밖으로 나왔을 때 좋은 아이디어가 떠오르거나 결론을 내리지 못했던 이야기가 정리되었던 적이 여러 번 있었다. 아이디어를 얻거나 생각을 정리하는 데 걷기만 도움이 되는 것은 아니다. 잠깐 시간을 내서 밖으로 나가는 것만으로도 큰 효과가 있다.

특히 새로운 아이디어를 얻기 위해 회의를 할 때는 과감히 밖으로 나가 다른 정보를 접하면 의외로 좋은 아이디어를 떠올릴 수 있다. 광고회사에서는 새로운 광고를 만들 때 경치가 좋은 곳에 있는 콘도에서 합숙하며 마무리를 하는 경우가 많다고 한다.

어떤 식품회사의 신제품개발팀은 재료의 생산지에 내려가 합숙한 뒤에 대박 상품을 만들었다고 한다. 아마 일상적인 장소를 떠나 기분 전환을 하면서 새로운 에너지를 얻었기 때문에 뇌의 활동이 활발해져서 생각지도 못한 좋은 아이디어를 얻은 것은 아니었을까?

일본 전통시 작가인 오카노 히로히코(岡野弘彦)는 아주 독특한 방법으로 학생들에게 시작법을 가르친다. 그는 해마다 12월 하순이 되면 30~40명의 학생들을 이끌고 일주일 정도 여행을 떠난다. 여행 기간 내내 매일 산길을 40킬로미터 정도 걸은 뒤 저녁은 간단한 우동으로 해결한다. 그리고 마지막 날 밤에는 '가카이(歌会, 일본 전통시를 지어 서로 발표하는 모임-옮긴이)'를 연다.

다음은 오카노가 주장하는 창작법 중 하나인 심신일체화(心身一體化) 기법에 대한 인터뷰 내용이다.

학생들은 머리로 생각한 것이 아니라 몸으로 느낀 것을 시에 담는다. 30년 동안 이 여행을 계속해왔는데 좋은 점이 참으로 많다.
나는 복근이 탄탄하게 살아 있지 않으면 감각이 둔해지는 기분이 든다. 그래서 여행 기간이 아니라 평소에도 매일 한 시간씩 달린다. 달리면서 시의 주제나 구성에 대해 생각한다.

나도 오카노의 생각에 공감하는 사람 중 하나다. 시를 짓는 창조적인 활동과 피곤해질 때까지 걷는 일은 얼핏 어울리지 않아 보이지만, 걸을 때 생겨나는 리듬과 적당한 피로감은 즉흥적인 아이디어를 얻는 데 큰 자극이 된다. 그래서 나는 아이들이나 학생들에게도 공부하기 전에 경기에 나서는 스모 선수들처럼 땅을 힘차게 몇 번 구르도록 시킨다. 너무 격렬한 운동을 한 뒤에는 깊은 생각을 할 여력이 없지만, 걷고 난 뒤의 피곤함은 머리를 아주 시원하게 한다.

홀로 밤에 걷기

달을 친구 삼아 걷다

기분이나 생각은 시간대에 따라 변하는 경향이 있다. 걷기도 시간대의 영향을 받는데, 아침 햇빛을 받으며 걷는 산책이 건강에 가장 좋다고 한다. 하지만 '달구경'이나 '밤 벚꽃놀이'처럼 밤의 정취를 즐기는 문화도 있다. 달이 뜨는 밤이면 산책을 나가 피로도 풀고 밤의 분위기를 즐기는 것이다. 다음은 일본 중세의 대표적 작가인 요시다 겐코(吉田兼好)의 글이다.

9월 20일경 한 친구의 손에 이끌려 새벽이 올 때까지 밤새 달구경을 하며 걸었다. 도중에 친구가 친한 여성의 집에 잠깐 들르자고 해서 따라 들어갔다. 주인이 나올 때까지 기다리는 동안 정원을 둘러보았더니, 밤이슬이 내린 쓸쓸한 뜰에 손님을 의식해서 피워놓은 것 같지는 않은 향냄새가 진동했다. 향냄새에 젖은 눈앞의 풍경을 가만히 보고 있으려니, 집 주인의 품격을 느낄 수 있었다.

마음이 통하는 두 남자가 새벽녘까지 걸으며 이야기를 나누는 장면이다. 실로 밤에 걷는 일의 매력을 제대로 아는 사람들이라 할 수 있겠다.

밤, 혼자임을 느낄 수 있는 시간

밤에 걷는 일의 장점은 위 글처럼 어떤 정취를 느끼는 데만 있는 것은 아니다. 대부분의 여성들은 밤에 혼자서 걸어갈 때 마음이 불안하다고 한다. 밤은 낮과는 질적으로 다른 사고를 하게 만드는 시간이다.

나는 밤늦게 뭔가를 읽거나 쓸 때 일이 잘되는 편이다. 그래서 밤 시간에는 주로 시와 같은 문학 작품을 음미한다거나 깊은 사색을 하며 보낸다. 밤에 감성을 자극하는 글을 읽거나 이런저런 생각들을 하다 보면 생각의 가장 밑바닥까지 내려가는 듯한 기분이 든다.

밤에는 거리에도 인적이 드물고 집에서도 혼자 있는 경우가 많기 때문에 대개 분위기가 가라앉아 있다. 그 때문인지 밤에는 혼자라는 사실을 깊이 느끼게 된다. 집에서도 밤의 정적 속에 홀로 있는 자신을 느낄 수 있고, 밤거리를 혼자 걷는다든가 개를 데리고 산책할 때도 차분히 자신을 돌아보게 된다.

혼자 걷는 것은 '홀로 인생의 길을 걸어간다' 라는 의식과도 연결된다. 이에 대해 석가모니는 〈수타니파타〉에서 이렇게 말하고 있다.

> 35 모든 살아 있는 것에 대해 폭력을 쓰지 말고, 모든 살아 있는 것을 괴롭히지 말고, 또 자녀를 갖고자 하지도 말라. 하물며 친구이랴. 물소의 뿔처럼 혼자서 걸어가라.
> 36 만남이 깊어지면 사랑과 그리움이 생긴다. 사랑과 그리움에는 고통이 따르는 법. 사랑으로부터 근심 걱정이 생기는 것을 알고, 무소의 뿔처럼 혼자서 걸어가라.

'혼자서 걸어가라' 로 끝나는 〈수타니파타〉의 이런 가르침은 75절까지 계속된다. 쓸쓸한 거리를 홀로 걸어가듯 인생도 혼자서 살아가는 것임을 가르치고 있다.

하지만 막상 우리가 살아가는 현실에서는 혼자인 시간이 그리 많지 않다. 현대 사회에서는 혼자만의 개인적인 공간을 갖는 것

완벽하게 혼자가 되는 시간, '홀로 밤에 걷기'

이 아주 가치 있는 일이다. 밖으로 나가 걸을 때라야 겨우 혼자가 될 수 있는 사람도 의외로 많기 때문이다.

홀로 걷기를 '혼자만의 공간을 완전히 확보하기 위해 개인적인 공간을 이동시키는 것'이라고 생각해보자. 이제 홀로 걷는 시간은 혼자만의 공간을 적극적으로 지키는 시간이 된다. 집에 혼자 있을 때의 느낌, 다른 사람들과 함께 있어도 서로 입을 꾹 다물고 냉랭한 분위기 속에서 홀로 있는 듯한 느낌, 밖에 나가 홀로 걸어 다닐 때의 느낌은 모두 혼자 있는 것이지만 그 느낌들은 모두 다르다.

홀로 거리를 걷고 있으면 적막한 느낌이 들기는 한다. 하지만 이것은 단순한 고독이 아니라 스스로 찾아낸 혼자만의 공간을 가진다는 점에서 '홀로 있음'의 장점을 취할 수 있는 시간이다. 남성들 중에는 집에서 기분 나쁜 일이 생기면 "담배를 사러간다"며 나가서 한동안 돌아오지 않는 경우가 많다. 나는 이것이 참 좋은 외출이라고 생각한다. 나는 담배를 피우지 않기 때문에 그럴 기회가 없어 유감이지만, 그렇게 혼자 걸으며 기분 전환을 하는 것은 남녀를 불문하고 누구에게나 좋은 방법이다.

혼자만의 시간을 가진다고 해서 다른 사람들과 함께 지내는 시간을 부정하라는 말이 아니다. 살아가면서 '혼자 있어 즐거운 시간'과 '다른 사람과 함께 있어 즐거운 시간'이 균형을 이루면 보다 충실한 삶을 살 수 있다. 다른 사람들과 더불어 살아가면서 혼자만의 공간을 만들어보자. 걷기는 그렇게 할 수 있는 가장 좋은 방법이다.

물론 이른 아침에 걷는 것도 기분 좋은 일이다. 하지만 밤에 홀로 걸어보면 낮과는 색다른 기분으로 깊은 사색에 잠겨볼 수 있을 것이다.

수첩과 서점을 활용하라

잊어버리기 전에 메모한다

걷다가 모처럼 좋은 아이디어가 떠올랐다고 해도 나중에 잊어버리면 의미가 없다. 대부분의 아이디어는 곧 사라져버리기 때문에 머릿속에 떠올랐을 때 곧바로 메모해두어야 한다.

걷다가 멈춰 서서 메모를 할 때는 종이 한 장만 있어도 좋다. 하지만 나는 동화 작가인 미야자와 겐지(宮沢賢治, 세계적으로 유명한 애니메이션 〈은하철도 999〉의 원작자-옮긴이)를 본받아 작은 수첩과 삼색 볼펜을 주머니에 넣고 다닌다. 그러다가 뭔가 생각이 나면 수첩에 적는다. 걷다가 아이디어가 떠오르면 멈춰 섰다가 간단히 메모하고 다시 걷다가 멈춰 서서 메모한다. 이런 식으로 걷다 보면 걷는 템포에 따라 아이디어가 통통 솟아오르는 기분이 들기도 한다.

물론 메모를 기록하기에는 책상이 있는 편이 좋기 때문에, 카페 같은 곳에 들어가 생각을 정리하기도 한다. 하지만 역시 카페는 떠오른 생각을 정리하는 데 적합할 뿐 새로운 아이디어를 얻는 데는 한계가 있다. 이미 산발적으로 떠오른 여러 가지 아이디어가 있을 때, 이를 바탕으로 전체적인 구성을 짜기 위해 카페를 이용하면 좋다. 처음에 책의 주제나 소재를 떠올릴 때는 홀로 걷는 것이 좋다.

메모의 좋은 점은 마음에 여유 공간이 생긴다는 것이다. 가끔 영화를 보다가 어떤 아이디어가 떠오르면 그것을 기억하느라 영화에 집중하지 못할 때가 있다. 뭔가를 반드시 기억해야 한다는 것은 그리 쉬운 일도, 재미있는 일도 아니다. 어떨 때는 부담감 때문에 고통스럽기까지 하다. 하지만 메모를 해두면 기억해야 한다는 부담감으로부터 자유로워져서 그만큼 마음에도 여유 공간이 생기고 다른 일에 대해 생각할 수 있다.

걸으면서 일정을 생각한다

일이나 개인적인 대소사는 일정을 어떻게 짜는지에 따라 그 효율이 크게 달라진다. 나는 걸으면서 일정에 대해 되새겨볼 때가 많다. 출퇴근할 때나 15분 정도 산책할 때 수첩을 꺼내 '이 시간에는 이 일을 하는 게 좋지 않을까?' 하며 일정을 체크하고 상상해본다.

나는 보통 일주일 단위로 해야 할 일들을 상상하면서 일정을 조정하는데, 그렇게 해서 마음이 결정되면 전형적인 일정관리용 수첩에 삼색 볼펜으로 기록한다. 빨강, 파랑, 초록 볼펜으로 칸을 나누어 '아주 중요한 일', '보통 중요한 일', '스트레스 해소 시간'을 구분해 기록한다. 이렇게 해두면 각 칸에서 어떤 일들을 뽑아내 하루를 꾸려갈지가 명확해지고, 일주일 동안 해야 할 일들이 눈에 확 들어온다.

이처럼 걷는 시간은 미래를 생각하며 다음 활동을 위한 계획을 짜기에 아주 좋다.

기록은 창조적인 작업의 기본이다

걷는 일에만 집중하고 싶을 때는 산책을 마치고 돌아와서 기록하는 방법도 있다. 아이디어란 본래 기록을 함으로써 더 풍성해지는 법이다. 예전에 나는 꿈을 분석하느라 그날그날의 꿈을 기록한 적이 있었다. 신기하게도 기록이 점점 진행될수록 점점 더 깊이 있고 다채로운 꿈을 꾸었다. 내가 기록하는 내용이 꿈에 영향을 끼친 것이다.

이와 마찬가지로, 기록을 하면서 산책을 하면 산책 중에 떠오르는 생각에 깊이가 더해진다. 이때 기록하는 내용은 대부분 넓은 시각에서 볼 때 '그때그때 깨달은 사실들'이다. 산책 중에 생각하거나 기록하는 일들이 반드시 어렵고 거창할 필요는 없다. 오늘은 산책을 하다가 '이런 개를 만나고, 저런 꽃을 보았다'라는 사실도 하나의 깨달음이 될 수 있다. 이 밖에도 오늘은 어떤 길로 산책했다든가, 어느 정도 시간이 걸렸다든가 하는 것처럼 아주 사소해 보이는 일들도 기록할 수 있다. 전날에 비해 산책 시간이 얼마나 늘었는지 줄었는지를 비교해보는 것도 산책을 꾸준히 해 나가는 데 큰 도움이 된다.

이런 작은 것들도 일일이 기록하다 보면, 평소에는 그냥 지나쳐버렸던 많은 것들을 새롭게 발견하게 된다. 그리고 운동선수가 훈련일지를 쓰듯 꾸준히 기록하다 보면 산책로를 이렇게 변경해본다든가, 속도를 좀 더 높인다든가 하는 새로운 목표들이 생긴다.

산책 중에 메모를 하거나 산책에서 돌아온 뒤 일지를 쓰는 것은 창조적인 생활의 기본이다. 창조적인 사람이 되고자 한다면 사소한 것들도 메모하는 습관을 들이도록 하자.

서점 활용법

아이디어의 뿌리를 튼튼히 하거나 발상의 폭을 넓히고 싶은가? 이때 필요한 것은 바로 정보 수집 능력이다. 정보를 모으는 경로로는 텔레비전, 책, 신문, 인터넷 등이 있다. 그중에서도 내가 가장 강력히 추천하고 싶은 것은 서점에서 정보를 얻는 방법이다. 서점에 나가 이 책 저책 둘러보다 보면 요즘 무엇이 유행하는지, 세상이 어떻게 돌아가는지를 텔레비전과는 또 다른 관점에서 바라볼 수가 있다.

물론 텔레비전에서도 많은 정보를 주기는 하지만 텔레비전을 보고 지적인 사람이 되기는 어렵다. 텔레비전 프로그램은 퀴즈쇼, 버라이어티쇼, 뉴스, 드라마가 거의 전부다. 다큐멘터리 등 일부 프로그램을 제외하고, 대부분은 일정 정도 이상 깊이 있는 정보는 제공하지 않는다. 하지만 책에는 체계적으로 정돈된 지식들이 빼곡히 들어차 있다. 또 서점에서 책을 읽다 보면 한 권쯤 사고 싶어지고, 한 권의 책을 사기 위해 보통 대여섯 권 이상을 훑어보게 된다. 결국 서점에서 책 한 권을 사면 몇 권의 책에 담긴 정보를 머릿속에 담는 셈이다.

나는 직업 때문이기도 하지만 항상 어디를 가든지 서점을 꼭 방문한다. 그리고 직장인 대학 근처에는 서점 거리가 있기 때문에 이 서점 저 서점 돌아다니며 한 바퀴 돌 때가 많다. 매일 서점을 방문하는 습관은 뇌를 연마해 지성을 유지시키고 사고력이 뒤처지는 것을 막아준다고 생각한다.

산책하다 서점에 들르는 습관은 두뇌를 자극하는 좋은 습관이자, 산책의 목표지를 정하는 기준이 되기도 한다. 서점에 들르겠다는 생각을 하면 아무래도 산책하러 나서기가 더 쉽다. 일부러 한 정거장 정도 떨어진 곳에 있는 서점을 목표로 삼으면, 서점을 오가는 길이 좋은 산책 코스가 된다.

퇴근길에 한 정거장 전에 내려 서점에 들렀다 집까지 걸어가는 것도 좋은 방법이다. 아마도 그때의 산책길은 사색을 하기에 더없이 좋은 나만의 공간이 될 것이다. 집 근처에 서점이 없고 한 정거장쯤 떨어진 곳에 있어서 불만이었던 사람은 이제 감사하는 마음을 갖도록 하자. 집에서 약간 먼 곳에 있는 서점이 걷는 습관을 키우는 데 더 많은 도움이 되기 때문이다.

굳이 살 책이 없어도 근처의 지하철역까지 걸어가 책을 보고, 차를 마시고, 다시 걸어서 집에 오는 것은 일상의 큰 즐거움이 될 수 있다. 꼭 서점이 아니더라도 자신이 좋아하는 물건을 파는 가게에 들르는 것도 산책을 습관으로 삼을 수 있는 좋은 방법이다. 이는 밖에서 여러 가지 자극을 받아들이는 습관을 갖는 데도 많은 도움이 된다.

예전에는 지적인 책들을 갖춘 서점들이 많았고 서점에는 손님들로 붐비곤 했다. 하지만 요즈음 서점의 서가에는 잡지, 만화,

화보집이 대부분이고 손님도 별로 없어 쓸쓸한 기분이 들 정도다. 산책을 나온 사람들이 좀 더 많이 드나들어 서점이 다시 붐비기를 희망해본다.

산책의 달인이 말하는 행복의 비결

새로운 발견을 추구하며 열린 마음으로 걷는다

걷기와 생각하기의 밀접한 관계를 가장 잘 보여주는 사람을 한 명 꼽으라면, 나는 일본의 걸출한 작가인 미야자와 겐지를 꼽을 것이다. 그는 걸을 때마다 새로운 것을 창조하기 위한 영감과, 세계를 새롭게 바라볼 수 있는 시각을 구했다고 한다.

나는 미야자와 겐지에 대한 책을 쓸 때 그의 시를 자세히 읽어 볼 기회가 있었다. 늘 걸으면서 시상을 떠올리고 다듬어서 그런지, 산책하다가 떠올린 시어들 중에 탁월한 것이 많았다. 특히 미야자와 겐지만의 경쾌함을 잘 드러내 다른 시인들의 작품과는 뚜렷이 구분되는 개성이 돋보였다.

창작을 계속하다 보면 영감이 고갈되는 느낌을 받을 때가 있다. 하지만 미야자와는 걷기를 통해 끊임없이 영감을 얻었다고 한다. 같은 곳에 머물지 않고 뚜벅뚜벅 걸으며 사고력의 속도가 떨어지는 것을 막고, 세상을 바라보는 시각에도 변화를 주었을 것이다. 미야자와의 제자가 한 말에 따르면, 그는 산길을 성큼성큼 걸으면 기분이 좋아지고 마음이 안정된다고 평소에도 자주 말했다고 한다.

미야자와는 시를 짓는 일을 '심상 스케치'라 불렀다. 걸으면서 외부의 공기가 몸을 스쳐 지나가면 마음에 영감이 떠오른다. 이때 마음에 머무는 풍경을 스케치하고 언어로 노래하면 시가 된다. 미야자와는 항상 수첩과 펜을 가지고 다니며 떠오르는 생각들을 그 자리에서 기록했다. 한 편의 시를 창작하는 것은 하나의 세계를 발견하는 일이다. 새로운 것이 처음으로 생겨날 때를 포착해 언어로 노래하는 작업이기도 하다. 그런데 이 모든 것은 그때그때 떠오르는 새로운 아이디어를 잘 잡아두어야만 가능한 일이다.

미야자와는 산책할 때 눈앞으로 스쳐지나가는 사소한 것들을 하나도 흘려보내지 않았다. 아주 작은 것들까지도 마음속으로 뛰어 들어오도록, 그래서 영감을 받을 수 있도록 했다. 미야자와의 산책기술을 한마디로 요약하자면, 모든 것이 내 안에 들어오도록 마음의 문을 활짝 열어두고 발걸음을 성큼성큼 내딛는 것이라 할 수 있겠다.

산과 들판을 자유롭게 거니는 행복

미야자와 겐지는 나이가 들자 병상에 누워 시를 짓는 일이 많았다. 산과 들판을 자유롭게 걷는 일은 꿈속에서나 가능한 일이었다. 다음은 그가 병상에서 쓴 시다.

바람이 문밖에서 부른다

자아, 일어나.
붉은 셔츠와
늘 입던 낡은 외투를 걸치고
어서 어서 문밖으로 나와.

바람이 자꾸 부른다.

우린 모두
널 맞이하기 위해
네가 좋아하는 진눈깨비를
흩날리고 있어.
너도 어서 나와
저 산등성이 바위 위에

잎을 떨군 검은 숲 속에

아름다운 소프라노로 노래하는

우리 중 하나와

결혼하자, 지난날 약속대로.

자꾸만 자꾸만

바람이 문밖에서 부른다.

  미야자와 겐지는 진정한 행복이 무엇인지 늘 탐구하면서 세계가 행복해야만 개인도 행복할 수 있다고 믿었던 사람이다. 그는 산길을 걸으며 영감을 얻었을 뿐 아니라 일종의 종교적 감정을 포함한 행복감까지도 누렸던 것이 아닐까? 산길을 걸으며 상상해본다.

4
CHAPTER

함께 걸으면
인간관계가 좋아진다

산책하며 나누는
긍정적인 대화법

걸으면서 나누는 이야기는 긍정적으로 흐른다

마음이 상쾌해지거나 좋은 생각이 떠올라도 주변 사람들과 관계가 원만하지 않으면 일이 잘 풀리지 않는다. 상사와 사이가 좋지 않아 프로젝트가 잘 진행되지 않는다든가, 회사 생활이 괴롭다는 이야기는 어디서나 흔히 들을 수 있다. 내 경험상 산책은 커뮤니케이션에 아주 좋은 영향을 끼친다. 우선 걸으면서 나누는 대화는 부정적인 방향으로 흘러가기가 어렵다.

학생 시절, 친한 친구와 잠깐 동안 서서 이야기를 나눈 적이 있었다. 그러다 문득 '이렇게 서서 이야기하지 말고, 함께 걸으면서 이야기할까?' 하는 생각이 들었다. 그래서 슬슬 걸으면서 이야기를 계속하자, 화제가 긍정적인 방향으로 흐르더니 점점 분위기가 무르익었다. 소년 두 명이 나누는 이야기라 다소 철이 없었을지도 모른다. 하지만 다른 사람 욕 같은 것은 하지 않았고 자연스럽게 화제가 긍정적인 방향으로 흘렀던 것으로 기억한다.

긍정적인 대화란 진취적이고 적극적인 이야기가 오가는 것이고, 부정적인 대화란 시대에 역행하는 소극적인 이야기가 오가는 것이다. 술집에서 지인들과 대화할 때를 떠올려보면 좀 더 이해하기가 쉬울지 모른다. 한곳에 머물면서 부정적인 이야기를 나누다보면, 그 강도가 증폭되는 경향이 있다. 하지만 걸을 때는 그렇지 않다. 궁금하다면 누군가와 나란히 걸어가며 부정적인 이야기를 나누어보라. 분명 뭔가 불편한 기분이 들 것이다. 사실 이런 일은 상상하는 것만으로도 마음이 불편해진다.

아마도 이것은 나란히 걸어가며 이야기하는 행동 자체가 '앞으로 나아가는' 긍정적인 일이기 때문일 것이다. 앞으로 나아가는 긍정적인 기운이 푸념을 하거나 부정적인 이야기를 하는 부정적인 기운을 꺾어버리는 것은 아닐까?

텔레비전 드라마나 영화에서 주인공이 석양을 향해 누군가와 나란히 걸어가는 장면으로 끝나는 경우가 많다. 앞을 향해 나아가는 이런 모습은 소설이나 그림에서도 종종 볼 수 있는 것으로, 긍정적인 느낌을 준다.

예를 들어 도스토예프스키의 소설 《카라마조프 가의 형제들》

의 마지막에도 소년들이 긍정적인 이야기를 하며 앞으로 나아가는 장면이 나온다. 이 소설은 아버지와 아들들, 그리고 그들의 애인 사이에서 벌어지는 갈등과 애증을 그린 장편소설이다. 아버지 표도르가 살인당하고, 장남이 그 범인으로 지목당하면서 이야기가 전개된다. 마지막에는 장남의 무죄를 입증하기 위해 동분서주하는 막내 알료샤와 소년들이 손을 잡고 걸어가는 장면이 나온다. 알료샤가 "자, 가자. 우리 손을 잡고 가자"라고 말하는 모습은 미래를 향해 나아가는 긍정적인 이미지와 겹친다.

또 다른 예로, 라파엘로가 그린 〈아테네 학당〉을 들 수 있다. 이 그림은 바티칸의 시스티나성당에 있는, 폭이 8미터나 되는 벽화다. 그림의 한가운데에는 철학자 플라톤과 제자 아리스토텔레스가 서로 이야기를 나누며 계단을 내려오는 모습이 담겨 있다. 배움의 전당 한가운데에서 두 철학자가 함께 걸으며 이야기하는 모습은 긍정적인 이야기를 나누며 걷기의 가장 좋은 예라 할 수 있겠다.

설교도 지겹게 느껴지지 않는다

밝고 긍정적인 이야기를 하기 어려운 경우 중 대표적인 예는 바로 야단칠 때다. 아이들이나 신입사원들은 대개 부모나 상사에게 야단을 맞을 때 잔뜩 굳은 표정으로 앉아 있는 경우가 많다. 나도 예전에 아이들을 야단칠 때 엄한 표정을 지으며 "거기 앉아"라고 한 뒤에 긴 설교를 시작했다. 그러면 대부분 한 시간이 넘도록 설교가 계속되었고 끝을 맺기가 어려워졌다. 심지어 두 시간 정도 설교한 적도 있었다. 아이의 표정이 멍해지고 나도 같은 말만 되풀이하여 이건 아니다 싶었지만 막상 멈추기가 쉽지 않았다. 이런 일이 몇 번이나 되풀이되자 뭔가 좋은 방법이 없을까 고민하게 되었다.

그러던 어느 날 아이를 꾸짖기 전에 함께 산책을 나가게 되었다. 산책을 하면서 여느 때와 마찬가지로 설교를 시작했는데, 이상하게도 예전처럼 지루한 느낌이 들지 않았다. 전에는 "잘못의 원인이 어디 있다고 생각하니?"라고 아이를 추궁하는 이야기를 주로 했다. 하지만 밖에 나가 걸으며 이야기를 하다 보니 "그런 나쁜 습관을 버리려면 어떻게 해야 할까?"라는 긍정적인 어조로 바뀌어 있었다. 이런 변화에 나 스스로가 놀랄 정도였다.

앉아서 야단을 칠 때도 그렇게 긍정적인 어조로 하면 좋지 않을까 생각할지 모르겠다. 하지만 한 번 지루한 설교 모드로 들어가면 빠져나오기가 쉽지 않다. 상대방을 야단치면서 감정이 상하고, 몸마저 움직이지 않으면 설교의 내용이나 사고방식이 좀처럼 바뀌지 않는다. 스스로 자신의 감정을 조정하는 게 쉽지 않기 때문이다.

부모와 자식 간, 상사와 부하직원 간에 지루한 설교나 푸념을 할 일은 얼마든지 있다. 그럴 때마다 밖으로 나가보기를 강력히 추천하고 싶다. 밖으로 나가 나란히 걷다 보면 처음에는 설교나 푸념을 하게 되더라도 이야기를 지루하게 질질 끌지는 않게 된다. 필요한 말을 하고 나면 설교를 일단락 짓고 다른 화제로 넘어가기도 쉽다.

산책을 통해
우정을 쌓는다

동경하는 것이 같으면 우정이 깊어진다

지금부터 하려는 이야기에 등장하는 사람은 내가 중학교 때부터 대학원을 졸업할 때까지 함께 공부한 친구다. 소년 시절에는 함께 동네 거리를 걸었고, 도쿄에 와서는 서로 가까이 살면서 에코다 거리를 함께 걷곤 했다.

나는 동경하는 것에 끌리는 것이야말로 성장의 원동력이라고 생각한다. 이는 두 사람 사이의 우정에도 적용된다. 한쪽이 동경하고 있는 것에 다른 한쪽이 끌릴 때, 같은 주제를 놓고 깊은 이야기를 나눌 수 있는 계기가 생긴다. 이것은 두 사람 사이의 우정이 깊어지는 가장 전형적인 모습이다.

이러이러한 것을 해보고 싶다고 서로 이야기하는 광경에서는 왠지 청춘의 향기가 난다. 젊은이들이 서로 동경하는 것에 대해 이야기 나누는 모습과 함께 걷는 일은 궁합이 잘 맞는다. 이야기를 꺼내거나 물어보기 어려운 주제에 대해서도 함께 걸으며 이야기하면 대화가 자연스럽게 풀린다.

그 이유는 걷는 일이 어느 한곳에 머물지 않고 앞으로 나아가는 자세이기 때문이다. 누군가와 함께 걸을 때는 희미하게나마 서로가 앞으로 나아가고 있다는 느낌을 받고, 함께 걷는 사람과 그런 느낌을 공유하게 된다. 그래서 함께 걷는 사람과는 보다 친밀한 관계로 발전되는 경우가 많다.

함께 걸으며 우정이 깊어지는 이야기는 소설이나 영화에서도 볼 수 있다. 스티븐 킹 원작의 《스탠 바이 미》도 그런 영화다. 네 명의 소년이 사체(死體)를 찾는 여행을 떠나 선로 위를 걷는 모험을 하며 잊을 수 없는 추억을 쌓는다는 내용이 담긴 대표적인 성장 영화다. 이 영화처럼 친구와 함께 오랫동안 걸어본 사람은 시간이 많이 흐른 뒤에도 그 경험을 소중한 추억으로 간직하게 되는 듯하다.

온다 리쿠의 소설 《밤의 피크닉》에도 걷기와 우정의 관계가 상징적으로 그려져 있다. 이 이야기는 어느 고등학교의 전교생이 아침부터 다음 날 아침까지 걷는 '보행제(步行祭)'라는 축제에 참여하는 것을 배경으로 하고 있다. 졸업을 앞둔 학생들은 주인공

다카코를 중심으로 보행제를 함께하며 우정의 깊이를 더해간다. 마지막에 다카코는 이렇게 회상한다.

다카코는 문득 안나의 말을 떠올렸다. 모두 밤에 걷는다는 것, 단지 그것만으로 어째서 이토록 특별한 시간이 되는 것일까. 다카코는 안나에게 이렇게 대답했다.
"그래 안나. 정말 신기해. 나란히 함께 걷는다는 것, 단지 그것뿐인데 이렇게 신비롭고도 멋진 시간이 되다니."

고등학생들이 밤새 친구들과 함께 걷는다는 것은 드문 일이다. 이런 설정 자체가 재미있기도 하지만 이 소설의 백미는 밤새 친구들과 함께 걸으며 처음으로 나누게 되는 이야기에 있다. 긴 시간을 함께 걸었기 때문에 비로소 나눌 수 있었던 대화, 밤새 걸으며 비밀스러운 이야기를 나누던 모습들. 이런 체험은 평생 지울 수 없는 추억으로 가슴에 새겨진다.

일로 만난 사람과도 우정을 쌓을 수 있다

함께 걸으며 쌓을 수 있는 우정은 부모와 자식 간, 상사와 부하 직원 간에도 가능하다. 흔히 친구가 있다거나 없다는 표현을 주로 쓰는데 나는 그런 말에 별 의미를 두지 않는다. 또, 일을 하며 알고 지내는 사람과 평소 만나는 친구를 굳이 구분하고 싶지도 않다. 가끔 일로 만난 사람과도 우정을 쌓는 경우가 있기 때문이다.

물론 함께 놀러가거나 술을 마시러 가지 않는다면 친구가 아니라 업무 관계로 남을 사람이다. 하지만 업무상 알게 된 사람 중에서도 우정을 느끼는 경우가 있다. 바로 함께 일을 하면서 마음이 맞는 동료가 된 사람들이다. 예를 들어 어떤 프로젝트에서 팀원들이 똘똘 뭉쳐 열심히 일하여 그 결과 좋은 성과를 내고 함께 기뻐한다고 하자. 이들은 같은 방향을 향해 함께 나아가며 우정을 쌓는 사이라 할 수 있다.

이런 이미지는 고교 야구팀의 분위기와도 어울린다. 나는 고교 야구대회에서 학생들이 하나가 되어 승리를 향해 뛰는 것을 즐겨 보는 편인데, 고교 야구대회는 '지면 그것으로 끝'인 토너먼트 방식으로 진행된다. 당연히 출전한 선수들은 프로야구 선수들처럼 '내일 경기에서 더 잘해보자'라는 생각을 품을 수 없다.

한 번 지면 내년이나 내후년 대회가 열릴 때까지 기다려야 한다. 그래서 선수들은 온힘을 바쳐 뛰고, 그 뜨거운 열기는 보는 사람의 심장까지 달아오르게 만든다. 고교 야구 선수들도 나중에 어른이 되었을 때 열정을 바쳤던 그 시절의 이야기를 두고두고 할 것이다.

싫은 사람과 함께 귀가해보자

평소 싫어하는 사람과 함께 걸어보겠다는 마음가짐으로 일을 하면 어떨까? 만일 그럴 수만 있다면 그 사람과의 사이에도 새로운 우정이 싹틀 것이다. 어떤 경우든 '그땐 정말 잘했어', '그런 걸 하다니, 정말 애썼구나' 라는 생각이 들 만한 일을 하면 몇 년이 지나도 기억에 남는 법이다. 다른 사람들과 관계를 맺을 때도 그런 노력을 기울여보면 긍정적인 기분이 한층 더 강해질 것이다.

이처럼 의식적인 노력을 기울이면 짧은 시간 동안에도 우정을 꽃피우는 창조적인 관계를 만들 수 있다. 예를 들어 퇴근길에 평소 싫어하던 사람에게 "지하철역까지 함께 갈까요?"라고 권해보자. 물론 싫어하는 사람과 지하철역까지 함께 걷는 일은 대부분 피하고 싶을 것이다. 하지만 사무실에서 같이 있기 싫은 사람이라도 함께 걸어보면 의외로 참 만해진다. 아마 지하철역에 도착하면 곧 헤어질 거라는 생각에 특별히 심각하거나 기분 나쁜 이야기를 하지 않기 때문일 것이다.

함께 걷는 시간은 뒤엉킨 관계를 풀어주고 해방감을 맛보게 한다. 그런 의미에서 싫은 사람과 함께 귀가하는 일이야말로 창조적으로 살아가기 위한 첫걸음이 아닐까 싶다. 당장 시도해볼 만큼 가치 있는 일이다.

커뮤니케이션에
장소의 힘을 이용한다

장소를 옮기면 대화가 잘 풀린다

　장소를 옮기면 대화가 더 잘 풀린다. 고등학생 시절, 나는 여름방학이 되면 친한 친구와 산에 올라가 지냈다. 집중해서 공부하다가 피곤해지면 머리를 식힐 겸 캐치볼을 하거나 폭포 아래의 웅덩이에 뛰어들어 수영을 하곤 했다.
　그런데 나중에 그 친구가 당시 부모님이 이혼할 뻔한 상황이어서 무척 괴로웠는데 나와 산에서 지냈던 것이 큰 위로가 되었었다고 고백했다. 가족으로부터 물리적으로 거리를 두고 평소와 전혀 다르게 시간을 보냈더니 자신이 겪고 있는 문제를 한 발 떨어져서 볼 수 있었다는 것이다. 산속을 자유롭게 뛰어다닐 때 느끼는 해방감도 문제를 다각적인 시선으로 바라보는 데 도움을 주었을 것이다.

이런 체험은 친구와 나의 관계에도 좋은 영향을 끼쳤다. 고민이나 불안을 털어놓는 것은 친구 사이의 커뮤니케이션 방법 중 하나다. 하지만 산에서 함께 지낼 때는 그런 문제에 대해 이야기를 나누기보다는 다른 일에 집중하는 시간을 공유하며 유쾌하게 보냈다. 이처럼 물리적으로 장소를 바꾸면 친구와의 커뮤니케이션도 더 잘되는 경우가 있다.

일을 할 때도 마찬가지다. 지루한 회의가 오래 이어지는데도 좋은 아이디어가 나오지 않을 때는 모두 밖으로 나가 산책을 해보자. 나는 수업 중에 학생들에게 두세 명씩 한 조가 되어 거리로 산책을 나가도록 권할 때가 많다. "아이디어를 찾으러 나가자!"라고 외치고선, 일단 실내를 벗어나 거리로 나가도록 한다. 그러면 학생들은 조별로 바깥을 돌아다니다가 훨씬 긍정적이고 참신한 아이디어를 가지고 돌아온다.

아이디어를 찾기 위해 밖으로 나가면 우정을 쌓게 되는 효과도 얻을 수 있다. 학생들을 거리에 풀어놓으면 학생들은 잠시 후 한결 생생한 표정이 되어 돌아온다. 아마 함께 거리를 돌아다니며 이런저런 이야기를 나누다 보니 강의실에 있을 때보다 서로 훨씬 밀도 깊은 커뮤니케이션을 했기 때문일 것이다.

이렇게 이야기하면서 걷는 것은 사고력에 좋은 영향을 끼친다.

아무래도 혼자 걸으면 아이디어를 떠올리는 데 한계가 있다. 하지만 두세 명이 함께 걸으며 이야기를 나누면 의외로 좋은 아이디어가 쏟아질 때가 많다.

늘 머물던 곳을 떠나 걸으면 외부의 자극을 받는 동시에 함께 걷는 사람과의 관계가 좋아진다. 그리고 이 두 가지가 긍정적인 작용을 해서 새로운 효과를 낳는다. 회사에서든, 가정에서든 서로 이야기를 하다가 잘 풀리지 않으면 밖으로 나가 걸어보기를 권한다. 답답한 분위기에 숨통이 트이면서 부드러운 관계를 만들어가는 데 큰 도움이 될 것이다.

말로 하기 어려운 것을 전하는 방법

걸으면서 이야기를 하면, 한마디 한마디 던지는 말이 좀 더 깊은 의미를 가지는 효과가 있다. 시모무라 고진(下村湖人)이 쓴 《논어》에 따르면, 공자는 태산에 여러 번 올랐다고 한다. 70이 넘어 스승의 자리에서 물러나게 될 때도 그는 제자들과 함께 태산에 올랐다. 태산은 공자에게 더없이 '성스러운 산'이었기 때문이다. 공자는 태산을 두고 "고전의 길을 깨닫고 태산의 정상에 서면 진리의 완성이 눈에 보이리라"고 말했다. 그리고 가슴속에 깊이 묻어두고 있던 말을 꺼냈다.

나는 하늘을 원망하지도, 다른 사람을 원망하지도 않는다. 다만 스스로 믿는 바에 따라 이 태산의 산기슭에서 정상까지 오르듯, 낮은 곳에서부터 한 걸음 한 걸음 높은 곳으로 올라왔다. 내 마음은 하늘만이 알 것이다.

당시 제자들 중에 공자가 뛰어나다고 인정했던 자공이 걱정스러운 얼굴로 무슨 말을 하려 하자, 공자는 "자공, 됐다. 내 길은 그만큼이다"라는 말을 남기고 태산을 내려왔다.
앞서 공자가 한 이야기를 살펴보면, 그는 자신이 걷는 길이 '만인(萬人)의 길'이라는 생각을 하고 있었던 것 같다. 하지만 한편으로는 자신의 마음을 하늘만이 알고 있다, 진정 자신의 마음을 알아줄 사람이 없다는 고독에 사로잡혔던 것 같다. 그 마음을 전하기 위해 그는 직접 제자들을 데리고 태산의 정상까지 함께 올랐던 것이다.
미야자와 겐지도 농업학교에서 아이들을 가르칠 때 제자들과 산에 자주 올랐다고 한다. 특히 그는 밤중에 오르기를 좋아했다. 산 정상에 오르면 낭랑한 목소리로 불경을 낭독했는데, 먼 곳까지 울리는 그 소리가 아주 듣기 좋았다고 한다.
말로만 전하기 어려운 기분은 이렇게 행동을 함으로써 전달하는 방법도 있다.

침묵하는 시간의 가치

걸으면서 나누는 대화는 스트레스가 적다

어깨를 나란히 하는 것이 우정이라면, 서로를 가만히 들여다보는 것은 연애라 할 수 있다. 그래서 걸으며 이야기를 나누는 것은 연인들이 깊은 관계를 유지하는 데도 도움이 된다. 두 사람이 나란히 걸으면, 서로를 바라볼 수 없기 때문에 지나치게 서로에게 집중하는 것을 막아준다. 서로를 바라보고 있지 않은 만큼 서로를 의식하는 정도가 적어지는 것이다. 꼭 연애할 때가 아니더라도, 대화를 할 때 서로를 지나치게 의식하면 자신의 기분을 잘 전달할 수 없는 경우가 있다. 그리고 서로 바라보고 있으면 잘 할 수 없는 이야기도 있다.

나란히 걷는 것의 또 다른 장점은 대화가 끊겨도 그다지 마음이 불편하지 않다는 것이다. 서로를 바라보며 이야기를 나눌 때 대개 10초 이상 대화가 끊기면 마음이 불편해진다. 하지만 나란히 걸을 때는 서로에게 '걷기'라는 과제가 있기 때문에, 잠깐 대화가 끊기고 다른 일에 마음이 가 있어도 그다지 어색하지 않다.

걷고 있을 때는 대화가 10초 정도 끊겼다가 다시 이어진다고 해도, 혹은 다른 화제로 갈아탄다고 해도 이상한 느낌이 들지 않는다. 대화의 폭도 쉽게 확대될 수 있다. 그리고 일정한 문맥에 맞춰 글을 쓰듯 '다음엔 이런 이야기를 해야지'라는 강박관념을 갖지 않아도 된다. 생각나는 대로 화제를 옮겨가도 별 문제가 되지 않는다. 이처럼 걸으면서 이야기를 하면 스트레스가 적어진다.

침묵도 커뮤니케이션이다

걸으면서 이야기를 할 때는 침묵하는 시간도 자연스럽게 허용되고 침묵 자체가 커뮤니케이션의 중요한 요소가 되기도 한다. 화가 살바도르 달리는 아내와 했던 산책에 대해 이렇게 말했다.

> 우리는 서로를 속박해온 긴장 속에서 끝내 아무 말도 하지 않고 오랫동안 올리브나무와 포도나무 사이를 걸었다. 마치 긴 산책이라

는 육체적 폭력이 두 사람 사이에 꼬이고 짓눌린 채 단단히 연결되어 있는 감정을 정복하기를 바라는 듯했다.

달리와 그의 아내 갈라는 무의식의 영역에서 서로 뭔가를 갈구하고 있었지만 말로 표현하지 못하는 상태였다. 위 글을 보면 서로를 속박하는 것이 괴롭지만 헤어질 수도 없는 괴로움 같은 것이 느껴진다. 두 사람은 '긴 산책이라는 육체적 폭력'을 통해 이런 괴로움에서 벗어날 수 있는 출구를 찾고 있었던 것은 아닐까.

산책을 하면서 오랜 침묵을 지키던 달리는 갈라에게 자신이 무엇을 할 수 있겠느냐고 물었다. 그러자 갈라는 "나를 죽여줘"라는 유명한 대답을 했다. 물론 실제로 달리가 갈라를 죽일 리 없다는 사실은 그녀 자신이 더 잘 알았을 것이다. 하지만 차마 입 밖에 내기 어려운 말을 가슴에 담고 있을 때, 침묵으로 일관된 긴 산책을 하면 어지러운 마음이 어느 정도 정리된다.

두 남녀가 말없이 걷는 장면은 유행가에도 가끔 나온다. 몇십 년 전 히트했던 가요 중 지금도 기억에 남는 가사가 있다. '안녕이라 말할 수 없어 무작정 걸었다네'라는 구절이다. 차마 이별을 말하지 못하고 정처 없이 걷고 있는 연인들의 마지막 시간을 노래한 것이다. 말로 하기 어려운 무엇을 가슴에 품고 무작정 걷는 침묵 속에서 두 사람 사이의 미묘한 연결은 극대화된다. 이 시간만큼은 말하지 않는 침묵이 말보다 더 가치 있다고 할 수 있겠다.

많은 이야기를 나누지 않아도 함께 걷는 것만으로도 서먹서먹한 관계가 부드러워지는 일이 연인 사이에서만 가능한 것은 아니다. 나는 아이와의 관계에서도 이런 일을 자주 경험했다. 분명 서먹서먹한 상태에서 함께 집을 나선다. 영화를 보고 돌아올 때도 한참 동안 별 이야기 없이 걷는다. 그런데 어느새 서먹했던 분위기가 부드러워지면서, 영화에 대한 이야기를 툭툭 한마디씩 하게 되고, 그러다 보면 어느새 예전 관계로 돌아가는 것을 느낄 수 있다. 침묵하며 걷는 동안 서먹한 관계가 자연스럽게 조정되었다고나 할까.

나는 아이와 외출할 때면 택시를 타지 않고 일부러 전철을 타거나 걷는다. 행선지에서 이루어지는 일 자체보다 걸으며 오가는 시간이 관계를 조정하는 데 더 도움이 되기 때문이다. 많은 이야기를 나누지 않고 침묵한다고 해도 함께 걸으면서 보내는 시간에는 많은 의미가 있다.

함께 걷는 사람의 걸음을 의식하라

"이 사람과 걸으면 나도 모르게 걸음이 느려져."
"저 사람과 걸으면 자꾸 여기저기 부딪히게 돼."
왜 이런 말을 하는 것일까? 사람들마다 걷는 속도나 거리감 등이 다르기 때문이다. 나는 종종 집 근처 식당에 가족과 걸어서 간다. 네 식구가 나란히 걷기에는 인도가 좁기 때문에 대개 두 사람씩 짝을 지어 이야기를 하며 간다. 그러다 보면 중간 중간 짝을 바꾸며 우르르 몰려가는 모습이 된다.

걸을 때 다른 사람과 보조가 맞지 않아도 별로 신경을 쓰지 않는 편이지만, 너무 빨리 걷는다는 소리를 들으면 속도를 늦추는 편이다. 그런데 사람에 따라서는 늘 다른 사람의 오른쪽에 서야 한다거나 반걸음 뒤에서 따라가야 마음이 편한 경우도 많다.

플라톤의 《향연》에는 소크라테스의 걸음걸이에 대한 재미있는 묘사가 나온다. 소크라테스가 시인 아가톤의 집에서 열리는 향연에 참석하러 가는 길에 아리스토데모스를 만났다. 소크라테스는 그에게 함께 가자고 청하자, 아리스토데모스는 흔쾌히 응해 둘은 나란히 걷게 되었다. 그런데 소크라테스에게는 걸으면서 깊이 생각에 잠기는 습관이 있었다. 걸음이 느려지거나 아예 한동안 멈춰 설 때가 많아, 앞서가던 아리스토데모스가 몇 번이나 기다려 주어야 할 정도였다. 결국 소크라테스는 그에게 먼저 가라고 했다. 아리스토데모스가 향연장에 도착했을 땐 뒤에서 따라오던 소크라테스는 보이지 않았다.

역사 속 많은 철학자들이 걸으면서 사색에 잠기거나 동료와 대화를 나누는 습관을 가지고 있었지만, 특히 소크라테스는 다른 사람과 함께 걸어도 곧 뒤처질 정도로 생각에 집중했다. 소크라테스처럼 특이하게 걷는 사람은 그리 많지 않을 것이다. 하지만 사람마다 걸음걸이가 다르기 때문에 어느 정도는 함께 걷는 사람의 걸음에 마음을 쓰게 된다. 걸음걸이가 어긋나는 정도를 보고 평소 그 사람과 나의 관계를 돌아볼 수도 있을 것이다.

　나란히 걸을 때는 가능하면 상대방의 걸음걸이에 맞춰주는 것이 좋다. 하지만 애초부터 걸음걸이가 너무 다르다면, 불만을 가지기보다는 서로의 걷기 습관을 인정하고 걷는 게 더 좋다. 오히려 앉아 있을 때는 미처 보지 못했던 상대방의 모습을 발견할 것이다.

5
CHAPTER

걸어서
마음의 에너지를 높인다

마음의 건강과 산책

누구라도 은둔형 외톨이가 될 수 있다

오늘날 '걸어서 마음의 에너지를 높인다'고 생각하는 사람은 많지 않을 것이다. 요즘 사람들은 마음의 에너지 자체를 그리 민감하게 느끼지 않는 듯하다.

에너지를 동양식으로 풀어서 말하자면, '기(氣)의 힘'이라 할 수 있다. 옛 사람들은 전통적으로 땅에서 다리로 타고 올라오는 기를 느꼈다. 그래서 먼 거리를 걷거나 짐을 메고 걸으며 근성을 키우고 마음의 에너지를 높였다.

하지만 모든 것이 지나치게 편리해진 오늘날에는 마음만 먹으면 거의 모든 일을 집 안에서 해결할 수 있다. 인터넷이나 통신판

매는 무거운 물건을 사기엔 더없이 편리하지만, 그만큼 밖으로 나가 자극을 받을 기회는 줄어든다. 또, 24시간 영업을 하는 가게들이 늘어나고 있어 밤낮의 구별이 점점 흐려지고 있다. 그만큼 우리의 일상생활에서도 밤낮의 경계가 사라지는 추세다.

회사에 다니거나 매일 밖에 나갈 일이 있는 사람은 싫어도 어쩔 수 없이 밖에 나가 걷게 된다. 그런데 그런 사람들도 불안하거나 고민이 생기면 자꾸만 집에 머물려는 경향이 생긴다. 은퇴한 사람이나 라이프스타일 자체가 시간에 얽매이지 않는 사람들은 몇 날 며칠 동안 특별히 밖에 나갈 일이 생기지 않을 수도 있다.

그러다 보면 집에만 틀어박혀 지내게 되고 가끔 가벼운 우울증도 앓는다. 일본에서만 해도 우울증을 앓고 있는 사람은 잠재적인 수까지 포함해 수백만 명에 이른다고 한다. 또, 은둔형 외톨이로 지내는 사람들도 160만 명이 넘는다는 조사 결과가 있다.

나 역시 은둔형 외톨이는 아니었지만 방에만 틀어박혀 지낸 적이 있었다. 당시 나는 밤낮이 뒤바뀌어 밤에 활동을 하고 낮에는 잠을 잤다. 마치 햇빛을 싫어하는 드라큘라 같은 생활이었다. 이런 생활이 한동안 계속되자 낮에는 거의 밖에 나가지 않게 되었다. 그나마 다행인 것은 당시 독신이었기 때문에 밥을 해줄 사람이 없어 밖에 나가 사먹어야 했다는 점이다. 식당에 가기 위해 걷는 동안, 나도 모르게 우울했던 기분이 회복되는 것을 느꼈다.

자극을 받을 기회를 늘려라

집안에 틀어박혀 지낼 때 생기는 가장 큰 문제는 오감을 통해 느끼는 자극이 적어진다는 것이다. 무카이 쇼코(向井承子)가 쓴 《간호사의 현장에서(看護婦の現場から)》라는 책을 보면, 혼수상태에 있는 환자에게 계속 말을 걸어주고 목욕을 시켜주었더니 의식이 회복되었다는 이야기가 나온다. 환자는 코에 넣은 관으로 음식을 공급 받으면서 의식불명으로 지내고 있었다. 그런데 어느 날부터 간호사와 가족들이 환자에게 계속 말을 걸어주며 음식물도 입으로 떠넘겨 주었더니 조금씩 반응을 보이기 시작했다는 것이다. 그때부터 이 병원에서는 의식불명 환자의 자율신경 기능을 살리기 위한 목욕 프로그램을 운영하기 시작했다. 침대에 누워만 지내는 환자의 신경기능이 퇴행하지 않도록 목욕을 시켜서 지속적으로 자극을 주는 프로그램이었다.

낮에 목욕을 하거나 식사를 한 환자들은 몸이 피곤해져서 밤에 잠도 잘 온다. 그리고 잠을 깊게 자고 나면, 온몸의 신경이 선명한 각성 상태로 들어가기가 쉽다. 밖에 나가 산책하는 것도 이와 비슷한 역할을 한다. 나 역시 실내에서 러닝머신 위를 달리는 것보다 밖에 나가 산책했을 때가 훨씬 피로를 많이 느낀다. 그래서 실내에서 달리면 더 오래 달리게 된다. 실내에서는 달리는 동안 받는 자극이 적기 때문이다.

밖에 나가면 모든 것이 흐르는 시간 속에서 변해가기 때문에 햇빛과 바람, 주변 풍경, 지나가는 사람들이 모두 자극이 된다. 따라서 밖에 나가 산책하는 것은 자극으로 샤워를 하는 것이나 마찬가지다. 그리고 이렇게 자극을 받으면 정체되어 있는 상태에서 쉽게 벗어날 수 있다.

사람은 밖에 나갈 일이 없으면 점점 더 집안에만 틀어박혀 지내려는 경향이 생기기 때문에 어느 틈에 드라큘라처럼 은둔 생활을 하게 된다. 그래서 나는 집안에서만 지내는 시간이 길어지지 않도록 신경을 쓰는 편이다. 오전 중에 그날 하루 동안 밖에 나갈 일이 있는지 점검해보고, 없으면 일부러 만들기도 한다. 우체국에 가 편지를 보내는 일이라도 만들어 밖에 나가 충분히 걸어주고, 책을 살 때도 일부러 한 권씩 사서 다음에 또 서점에 갈 일을 만든다. 이것은 효율을 우선으로 하는 생활과는 거리가 멀다. 하지만 매일 많이 걷는 데는 매우 좋은 방법이다.

추억의 거리는
에너지 공급원이다

순수했던 시절의 거리를 걷는다

누구에게나 '미래에는 이렇게 되고 싶다'고 순수한 꿈을 꾸던 시절이 있을 것이다. 이 시절을 떠올리는 것만으로도 당시의 강한 열망이 현재의 자신에게 새로운 에너지를 줄 수 있다. 이때 그 후의 인생이 꿈꾸던 대로 되었는지 그렇지 않은지는 그다지 중요하지 않다.

나는 학생 시절부터 첫아이가 생겨 제법 클 때까지 도쿄의 에코다에서 살았다. 이곳은 학생들이 많이 기거하는 곳으로 유명하다. 그런데 지금도 에코다에 있는 치과에 다니고 있기 때문에 가끔 옛날 살던 동네의 거리를 걸을 일이 생긴다.

거리를 걷다 보면 '이 가게, 자주 가던 곳이었지', '여긴 아이와 자주 산책하던 곳이군' 같은 생각들과 함께 여러 가지 추억이 떠오른다. 친구와 밤늦게까지 걷던 거리, 멈춰 서서 시간 가는 줄도 모르고 이야기에 빠졌던 길모퉁이들. 이런 곳을 지날 때마다 그곳에 새겨진 추억이 보인다. 그리고 그 거리만의 힘이라고 할 수 있는 독특한 기운이 느껴진다. 꿈을 키우며 청춘을 보낸 거리를 다시 걸으면 조금이나마 당시 가졌던 마음가짐으로 돌아가는 기분도 든다.

지금 고향을 멀리 떠나 있는 사람은 순수한 꿈을 꾸던 추억이 남은 거리로 돌아가기 어려울 것이다. 그렇다면 그 시절을 상상하며 거리를 걸어보면 어떨까? 과거 수도 없이 걸었던 그리운 길을 상상하며 걸어보는 것은 뇌를 훈련할 수 있는 좋은 기회이기도 하다.

나는 초등학교 시절 오갔던 길을 머릿속으로 되짚어보는 일을 즐긴다. 아마 여러분도 대부분 이런 길에 대한 추억만은 잊지 않고 있을 것이다. 친구들과 몰려갔던 학교 앞 문방구와 가게 등을 하나둘 떠올리다 보면, 어느새 6년 동안 드나들던 교문 앞에 도착하게 된다.

일을 하다가 잠시 쉴라치면, 문득 초등학교 시절 통학하던 길이 떠오를 때가 있다. 나는 전학을 한 번도 하지 않았기 때문에 6년 동안 같은 학교에 같은 길로 통학했다. 그 길은 내게 초등학교 6년 그 자체였다. 그래서인지 그 길을 머릿속으로 상상하며 걷다 보면, 호기심과 의욕이 넘치던 초등학생 시절로 돌아가는 듯한 기분이 든다. 아마 통학로를 오가던 초등학생들의 넘치는 기운이 그 길에 새겨져 있기 때문일 것이다.

초등학생 시절이야말로 인생에서 가장 성실한 마음으로 살던 때가 아닌가 싶다. 특히 내가 어릴 적 다녔던 초등학교는 지금처럼 사교육이 활발하지 않았기 때문에 지식은 물론 인성까지 교육 받는 배움의 터전이었다. 그 시절 부모나 학생들은 교육을 통해 '사람이 된다'는 믿음을 가지고 있었다.

꼭 초등학교 통학길이 아니더라도 과거의 추억이 배어 있는 곳을 걸으면 삶을 돌아볼 좋은 기회가 된다. 이때 옛 친구나 동창들과 만나서 추억이 깃든 통학로를 함께 걸으며 그 시절에 대한 그리움을 나누어보는 것도 좋겠다.

실제로 나는 친구들을 부추겨 학교까지 함께 걸어본 적이 있다. "저기 그대로네. 한번 가볼까?" "그럴까?" 친구들과 이런 이야기를 나누며 걷다 보니 어느새 아주 흥미로운 여행이라도 하는 듯한 기분이 들었다. 그리고 초등학교 시절의 기억이 새록새록 되살아나면서 그때는 미처 알지 못했던 인생의 깊이를 새삼 깨달을 수 있었다.

부정적인 추억에서 얻는 역경 에너지

인생에 늘 좋은 경험과 밝은 추억만 있는 것은 아니다. 과거의 길을 걸을 때 부정적인 추억이 서린 장소를 찾아가는 것도 새로운 용기를 얻는 방법 중 하나다. 예를 들어 시험에 떨어지고 걸었던 길이라든가, 방황하며 걸었던 거리를 찾아가 본다. 실연이나 불합격의 아픔을 달래며 걷던 곳에 가보면 '그땐 참 괴로웠는데, 10년 동안 까맣게 잊고 살았네' 하는 생각이 들면서 이상하게도 용기가 생긴다. 당시에는 큰 스트레스를 주었던 일이 지나고 나니 오히려 에너지 공급원이 된 셈이다.

부정적인 추억이 어린 장소는 고통을 이겨낸 기록이 남아 있는 곳이기도 하다. 그래서 그곳을 찾아가 추억을 되새기다 보면, 고통을 이겨내며 버텼던 힘이 새로운 에너지가 되어 돌아온다.

화장실이 없는 집에 살았다거나 모든 일이 꼬여 어려운 시간을 보낸 거리가 있다면, 지금 그 거리를 다시 찾아가 보자. 물론 그 고통이 너무 생생해서 다시는 찾고 싶지 않은 곳이 있을 수도 있다. 내게도 그런 기억이 있다. 대학 입학시험에 떨어지고 울면서 걸었던 거리를 떠올리면 아직까지도 다시 찾아가고 싶은 마음이 들지 않는다.

하지만 이런 것들도 결국 내 인생에 접혀진 주름 중 하나다. 좋지 않은 추억이 서린 장소를 찾아가는 것은 과거에 집착하는 행위가 아니다. 어차피 인생이란 부정적인 실과 긍정적인 실이 함께 얽혀 만들어지는 것이기 때문이다. 즉, 부정적인 부분이 있기 때문에 긍정적인 부분도 내 인생 안으로 들어올 수 있다. 그러니 부정적인 추억이 어린 장소도 내 인생에서는 꼭 필요한 부분이다.

살다 보면 좋지 않은 추억도 웃으며 되돌아볼 만큼 여유가 생긴다. 이때 우리가 할 수 있는 가장 좋은 일은 그곳을 찾아가 걸으며 새로운 에너지를 받는 것이다.

일상을 벗어난 산책

여행지에서 느끼는 자극

   나는 강연을 하러 종종 지방에 내려갈 때가 있다. 일 때문이긴 하지만 집을 떠난다는 의미에서 마치 여행을 가는 듯한 기분이 든다. 여행지에서 산책을 하면 그곳에 사는 사람에게 일상인 현장이 내게는 너무도 낯선 타지로 다가오는 게 신기하다. 낯선 거리를 걸으면 무엇보다 새로운 것들과 맞닥뜨리면서 많은 자극을 받을 수 있다. 가끔은 "이런 곳도 있었군!" 하고 놀랄 때가 많다.
   여행지에서는 불안감도 큰 자극이 된다. 낯선 곳에서는 모든 것이 익숙하지 않다. '여기는 어디지? 위험한 곳은 아닐까?' 하는 생각에 곧잘 사로잡힌다. 그런 불안은 '지금 내가 왜 여기에 있는 걸까?' 라는 자기성찰적 질문과 이어지기도 한다. 분명 강연을 하러 왔다는 것을 알면서도, 여행지에서는 마냥 헤매고 있는 기분이 들 때가 많다.

마츠오 바쇼(松尾芭蕉)는 여행에 나설 때의 이런 비일상적인 느낌을 온몸으로 흡수하며 하이쿠를 썼던 시인이다. 그는 《나의 오솔길(おくのほそ道)》이란 책에서 여행에 대해 이런 글을 썼다.

> 세월이란 영원히 여행하는 나그네와 같다. 계절은 나그네처럼 왔다가 떠나고, 떠났다가 다시 찾아온다.

마츠오 바쇼는 인생을 여행으로 보았다. 늘 제자와 함께 걸어 다니거나 말을 타고 다니며 시상을 얻어 주옥같은 시를 써냈다. 걸으면서 문장을 다듬는 것은 일본의 문화에서는 오래된 전통이다. 낯선 곳에 가면 일상에서는 느낄 수 없는 자극을 받게 된다. 그로 인해 떠오른 생각들을 적어두거나 하이쿠 같은 짧은 시를 외우면 낯선 길을 산책하는 묘미를 맛볼 수 있다.

순례길 걷기

예부터 많은 민족들이 성지 순례를 하나의 전통으로 지켜왔다.

일본에서도 에도 시대에 신사의 총 본산이라 할 수 있는 이세 신궁에 참배하는 '이세 마이리(伊勢参り)'가 대유행이었다. 부유한 무사 계층에서부터 농민에 이르기까지 다양한 사람들이 신궁을 찾았다.

그 외에도 절 순례의 극치로 꼽히는 '시코쿠 순례'가 있다. 쿠가이 스님이 시코쿠에 있는 절 88개를 돌며 수행을 했는데, 어느새 사람들이 그의 발자국을 좇아 순례길에 나서게 된 것이다. 지금도 이 순례 여행은 일본인이면 누구나 해보고 싶어 하는 일이 되었다. 시코쿠의 아름다운 자연을 벗 삼아 걷다 보면, 쿠가이가 가슴에 품었던 생각들을 조금이나마 엿볼 수 있다는 기대 때문인 듯하다. 이런 심리는 영력(靈力)이 센 곳을 걸으면, 깨달음에 이른 스님을 직접 만날 수 있다는 오래된 믿음에서 나온 것이다.

여성사 연구의 개척자인 다카무라 이츠에(高群逸枝)는 1982년에 시코쿠를 순례하고, 그에 대한 기록을 《순례(お遍路)》라는 책으로 남겼다. 다카무라는 이 순례 여행에 한 노인과 동행했고, 이에 대해 다음과 같이 썼다.

나는 동행한 노인으로부터 힘을 얻으며 지난날 오쓰 거리에서 맛보았던 여행의 불안을 새삼스럽게 떠올렸다. 하지만 시코쿠 여행은 달랐다. 이곳에서는 동행이 있었다. 동행이 있는 여행은 고독의 짐을 덜 수 있다. 게다가 그가 같은 불교의 깨달음을 추구하고 있다는 것만으로도, 우리 두 사람 사이에는 상상도 하지 못했던 신뢰와 우정이 자라났다.

이 글에서처럼, 함께 성스러운 목표를 추구하는 사람끼리 마음이 통하는 경험이야말로 순례의 진정한 매력이다.

전 세계적으로 유명한 순례길을 굳이 하나 꼽자면, 산티아고 순례길을 빼놓을 수 없다. 예루살렘이나 로마에 버금가는 기독교 3대 순례지 중 한 곳인 산티아고 데 콤포스텔라를 목표로 걷는 것이다. 산티아고 데 콤포스텔라까지 가는 길은 오래된 역사만큼이나 얽힌 이야기도 다양하다. 대략 800킬로미터 이상을 걷게 되는데, 중세에는 1년에 50만 명 정도가 이 순례길을 찾았다. 요즈음은 가톨릭 신자 외에 일반인들도 이 길을 많이 찾고 있다. 종교적인 의미의 순례보다는 인생을 돌아보거나 더러워진 마음을 씻기 위해서, 혹은 다른 사람들에게 받은 상처를 치유하고자 걷는 사람들이다. 요즘에는 산티아고 순례길을 찾는 사람들이 다시 늘어나는 추세라고 한다.

성지를 순례한다는 것은 돈이나 물질이 중심이 되었던 세속적 가치의 반대편에서 성스러운 가치를 추구한다는 뜻이다. 세속에서 더러워진 마음을 씻는 데 이보다 더 좋은 방법은 없다. 그런 의미에서 순례라는 성스러운 가치를 좇아 오랫동안 걷는 일에 온 몸을 던져 푹 빠져보는 것도 좋다.

함께 걷기의 힘

 장거리를 걷고 싶다면 걷기 대회에 참가하는 것도 좋은 방법이다. 아무래도 대회에 참가하면 혼자만의 의지로는 계속 걷기 힘든 거리를 다른 사람들의 에너지를 받아 끝까지 걸어갈 수 있다. 함께 걷는 사람들은 목적지에 다다를 때까지 하나의 생각으로 뭉치기 때문에 그 속의 에너지도 넘쳐난다.

 '데모'는 같은 생각을 가진 사람들이 모여서 구호 같은 것을 외치며 함께 걷는 것이다. 무리를 이루어 걸으면서 다른 사람들의 관심을 불러일으키기 위한 것이기도 하다. 역사적으로 큰 영향을 준 데모로는, '소금 행진'이 있다. 1930년 당시 영국령이었던 인도에서는 민중의 생활필수품인 소금에 대해 판매를 통제하고 과도한 세금을 부과했다. 소금 행진은 이에 대한 저항의 뜻을 나타내기 위해 행해졌다.

 이 행진은 인도의 완전 독립을 목표로 하는 비폭력 저항운동의 일환으로, 마하마트 간디가 동지 70여 명과 걷기 시작한 데서 시작되었다. 간디는 단순히 저항을 표시하는 데 그치지 않고, 비싼 소금을 먹고 있는 인도인들에게 직접 바다로 나와 소금을 만들도록 호소했다.

 사바르마티 아쉬람에서 출발해 약 380킬로미터 떨어진 해안까지 가기 위해, 간디는 매일 새벽 4시에 일어나 하루에 19킬로미터 정도를 걸었다. 행진이 진행됨에 따라 인도 민중의 분노에도 불이 붙었고, 이 분노는 간디가 해안에 도착해 직접 소금을 만들어 보였을 때 극에 달했다.

걷기는 누구나 참여할 수 있는 일이고, 함께 걷는 동안 기분도 하나가 된다. 소금 행진은 그런 의미의 저항운동으로서 더없이 훌륭했다고 할 수 있겠다. 소금 행진 이후 인도인들은 법을 어기고 소금을 만들기 시작했다. 그리고 소금을 얻기 위해서뿐만 아니라 인도의 독립을 위해 투쟁하는 간디의 활동에 대해 세계적인 공감이 형성되었다. 결국 소금 행진이라는 지극히 평범한 걷기 행위는 사람들의 마음을 움직였고, 세계 정치의 흐름까지 바꾸어 놓았다. 미국의 킹 목사도 이 행진에 영향을 받아 흑인의 공민권을 얻기 위한 데모 행진을 시작했다고 한다.

걷기는 자연스럽고 평화적인 행위다. 하지만 소금 행진과 같은 걷기는 비폭력과 불복종을 바탕으로 한 저항정신도 잘 드러낸다. 간디는 폭력은 또 다른 폭력을 불러온다는 것을 알았고, 그래서 먼저 공격하거나 반격하지 않고 강한 의지로 걸어가기만 했다.

처음 데모 행진에 나선 사람이 소수라도, 계속 걷다 보면 사람들이 점점 불어난다. 그리고 함께 걷는 사람들의 마음은 어느 새 하나가 되어간다. 한 걸음 한 걸음 나아가는 것만으로 문제를 온 몸으로 깨달을 때도 있다. 그런 점에서 데모 행진이야말로 함께 걷기의 장점을 가장 잘 드러내는 것이란 생각이 든다.

영원을 느끼는
산책기술

'반쯤 눈 감고 발 끌며 걷기'

걷기는 주변의 공기를 자기 것으로 삼아 하나의 작은 사원을 짓는 일이다. 사원이란 말이 조금 과장된 표현이기는 하지만 걷기에 딱 알맞은 표현이라 생각한다. 사원은 바깥세상과 격리되어 고요함이 넘치는 지극히 정신적인 세계다. 천장이 높은 절에서는 조그만 소리도 크게 울린다. 나는 그런 곳에 들어가면 공간에 파묻히는 듯한 느낌이 든다. 보통 때는 느끼기 어려운 종교적 감정에 사로잡히기 때문이다.

길을 아무 생각 없이 걷다 보면 내 몸이 그런 작은 사원이 되는 듯한 기분을 느낄 수 있다. 이것은 물속에서 앞으로 스윽 나아가는 모습과 비슷한 이미지를 풍긴다. 즉, 바깥의 소음에는 아랑곳하지 않고 혼자 호수 밑바닥을 걸어가는 것이다. 이렇게 걷다 보면 나 혼자만의 세계가 생기고, 내면에 집중할 수 있는 마음 상태가 된다.

이런 경험을 극대화하기 위해 내가 자주 하는 걸음걸이는 '반쯤 눈 감고 발 끌며 걷기'다. 이 방법은 앞에서 소개한 동양식 걷기보다 훨씬 일본적인 걷기법이다. 이 방법을 내가 가르치는 학생들에게 가르쳐주었더니, 학생들은 "미래와 과거를 보았다", "닫힌 듯한 느낌이 들었다", "기분이 상쾌해졌다"는 감상을 표현했다. 많은 학생들이 발을 끄는 듯한 걸음걸이만으로도 의식이 변할 수 있다는 데 놀라워했다.

이제부터는 이 '반쯤 눈 감고 발 끌며 걷기'의 구체적인 실천법에 대해 이야기해볼까 한다. 우선 시선을 멀리 있는 수평선이나 지평선을 바라보듯이 둔다. 이때 물속이나 물 위에서 조용히 앞으로 걸어가는 듯한 느낌을 가져도 좋다. 눈을 반쯤 감고, 보는 기능은 최대한 억제한다. 발을 끌 듯 걷는 것은 그렇게 특별한 걸음걸이를 의미하지는 않는다. 가능하면 바닥에서 발을 떼지 않고 아주 천천히 걸으면 된다. 그리고 보통 걸음걸이의 5분의 1 정도로 속도를 낸다.

앞에서 언급했듯이 미야자와 겐지가 영감을 얻기 위해 걷는 방법은 마음속으로 들어오는 것들을 착착 받아들이는 걸음걸이였

다. 이런 걸음걸이가 마음을 밖으로 활짝 열어두는 것이라면, '반쯤 눈 감고 발 끌며 걷기'는 가능하면 마음으로 들어오는 정보를 줄이는 것이다. 다시 말해 걷는 것 자체에 마음을 온전히 내어주는 걸음걸이다.

나는 이 걸음걸이를 가르칠 때 체육관 같은 곳에서 토기 히데키(東儀秀樹)의 일본 전통음악을 들으며 걷는다. 고요한 선율이 천천히 걷는 데 도움을 주고, 늘어지는 듯한 독특한 리듬이 평소와 다른 마음을 가질 수 있게 해주기 때문이다. 나는 이런 걸음을 걸을 때는 신발을 벗거나, 심지어는 양말을 벗고 맨발이 될 때도 있다. 하지만 여의치 않을 때는 신발을 신고 걸어도 된다. 하지만 반드시 마음이 차분히 가라앉는 음악을 들으며 걸으라고 권한다. 학생들과 걸을 때는 체육관을 찾아간다. 어느 정도 넓은 공간이 필요하기 때문이다. 하지만 너무 많은 사람들이 같이 걸으면 이상한 집단으로 오해 받을 수도 있으니 주의가 필요하다.

서양 사람들이 걷는 것을 보고 있으면 '고대 그리스 사람들도 꼭 저렇게 걸었을 거야' 하는 생각이 절로 든다. 서양 사람들의 몸에 맞게 그만큼 오랜 세월 동안 계승되어온 걸음걸이이기 때문이다. 우리가 그런 걸음걸이를 받아들인 것은 근대 자본주의를 받아들인 이후부터였다.

그전에는 오금이라 불리는 무릎 안쪽을 구부린 걸음걸이가 대세였다. 군대에서도 "무릎을 펴!"라고 주의를 받는 사람들이 많을 정도였다. 즉, 무릎을 구부리고 발을 끄는 듯한 걸음은 오래된 전통으로 금방 따라 해볼 수 있는 걷기법이다.

굳이 서양식 걸음걸이만 따라 하기보다는, 우리 안에 내재된 유전자에 맞는 걸음걸이를 받아들이는 것은 어떨까? 서양식으로 걷는 동시에, 서양 사람들은 익히지 못한 우리만의 걸음걸이로 걸을 수 있다면, 문화적인 면에서나 신체적인 면에서 타고난 장점을 살릴 수 있을 것이다.

기적을 느끼는 걷기의 순간

'반쯤 눈 감고 발 끌며 걷기'는 의식을 변화시킨다. 눈앞의 일에 급급하던 일상을 벗어나 다른 경지를 체험하게 해준다. '이런 경지에 이르는 것도 별것 아니군' 하는 생각이 들 정도다. 내가 종교의 필요성을 느끼지 못하는 성격이라 더 그런 것 같다. 나는 특정한 종교의 힘을 빌리지 않고도 '반쯤 눈 감고 발 끌며 걷기'를 통해 '영원'을 느낀다. 이때 내 머리와 가슴을 지배하는 영원은 거의 종교적인 감정에 가깝다.

영원을 바라보는 시각에는 공간과 시간이라는 두 가지 차원이 있다. 그런데 '반쯤 눈 감고 발 끌며 걷기'를 통해서는 이 두 가지 모두를 느낄 수 있다. 반쯤 눈을 감고 멀리 아득하게 수평선이나 지평선을 바라보듯이 하면, 끝없이 펼쳐진 공간을 마주하고 선 듯한 영원 감각이 생긴다. 또, 발걸음을 아주 천천히 떼어놓다 보면 시간도 천천히, 그리고 영원히 흘러가는 듯한 영원 감각이 생긴다. 드물기는 하지만 어느 한순간 '이게 바로 영원!'이라는 느낌이 드는 것이다.

랭보의 시에는 이런 구절이 있다.

다시 보았노라. 무엇을? 영원을. 그것은 바다에 녹아드는 태양.

랭보는 바다에 녹아드는 태양을 본 순간, '이것이 영원이구나' 하는 느낌을 받은 것이다. 이 시에서처럼 마음이 세계에 대한 놀라움으로 가득 차 있을 때가 가장 좋은 상태다. 특히 영원함과 마주쳤을 때 마음은 신선함으로 가득 찬다.

자신의 주위에 예전부터 있었던 것들은 무엇이든 당연하게 여기기 쉽지만, 가끔 '이것은 기적이다' 라는 생각이 들 때가 있다. 예를 들어 꽃이 피는 것이 대단한 기적처럼 느껴지고, 강아지가 귀엽게 뒹구는 모습도 놀라운 기적처럼 느껴진다. 또, 지구가 태양계에서 현재의 위치에 자리 잡아 적절한 온도로 햇빛을 받는 것도 기적처럼 느껴진다. 태양에서 조금만 더 멀거나 가까웠더라면 아마 우리는 지구에 살아 있지 못할 것이다.

이처럼 모든 일은 그저 우연히 일어나는 것처럼 보이지만 어느 한구석에 기적을 품고 있다. 이런 사실을 깨달으면 당장 굉장한 것을 발견하거나 굉장한 사건이 일어나지는 않는다 해도 일상이 정말 신비롭게 느껴진다.

뉴턴은 사과가 떨어지는 것을 보고 기적을 깨달았다. 보통은 물건이 아래로 떨어지는 게 당연하다고 생각한다. 하지만 실제 우주 공간에서는 물건을 던져도 아래로 떨어지지 않는다. 그런데 왜 사과는 나뭇가지에서 분리되자마자 땅으로 툭 떨어지는 것일까? 뉴턴은 누구나 당연시하는 '사과의 추락'에 대해 의문을 품었고, 그 순간 지구의 중력이 일으키는 기적을 발견했다.

우리 한 사람 한 사람이 지금 이 자리에 있다는 사실에는 태초부터 흘러온 유구한 시간이 축적되어 있다. 그리고 그 위에 무수한 우연과 변이가 겹쳐졌음을 깨닫는 순간, 현실은 그 무게를 더해간다.

지금 내가 이 자리에 있는 것이 단순한 우연이 아니라는 발견은, 영원 감각으로 향하는 길을 터준다. '반쯤 눈 감고 발 끌며 걷기'를 통해 한순간이기는 하지만 이곳에 영원이 존재한다는 느낌을 받아보자. 보통 걸을 때와는 다른, 영원을 느낄 수 있는 걸음 걸이를 부디 많은 사람들이 체험해보기를 바란다.

생명의 숨결을
느낄 수 있는 거리들

위대한 인물과 만날 수 있는 거리

이 책의 처음에 언급한 것처럼, 나는 위대한 사람의 마음이 느껴지는 곳을 걸으며 나의 근본을 채워주는 에너지를 얻는다. 위인의 묘비, 기념비, 생가, 기념관, 서원이나 향교의 흔적 등 위인과 관련이 있는 곳은 많다.

이런 장소들 중에 인상 깊은 곳은 이와테 현의 하나마키다. 하나마키에서는 미야자와 겐지의 생가와 기념관, 일을 하다가 기분 전환을 하기 위해 걸었던 바닷가가 있다. 미야자와 겐지는 〈은하철도의 밤〉에도 나오는 이 바닷가 산책길에 '영국 해안'이란 이름을 붙이기도 했다. 나는 이곳에 가면, 미야자와 겐지의 위대한 혼과 그가 인생에서 마주쳤던 다양한 고난을 생각하면서 걷는다.

자신의 인생에 불안감을 느끼거나 의심을 품고 있는 20대에 이런 곳으로 여행을 하면 삶에 대한 근본적인 동기를 자극하는 효과가 있다. 위인의 흔적을 좇아 걸으면 '이 풍경을 미야자와 겐지도 바라보았겠지' 하는 생각에 감동하게 된다. 그리고 그를 직접 만나고 있는 듯한 기분도 든다.

하나마키는 조각가이자 시인이었던 다카무라 고타로와도 인연이 있는 장소다. 그는 도쿄 대공습 때 아틀리에가 파괴되자 미야자와 겐지의 도움을 받아 이곳 산속 깊은 곳에 오두막을 지었다. 이 집은 다카무라 산장이라고도 불린다. 당시 사랑하는 아내 치에코와 사별한 다카무라는 그곳에서 혼자 은둔 생활을 했다. 추운 겨울을 보낼 때는 계절을 노래하는 수많은 시를 쓰기도 했다. 나는 약 10년 전에 다카무라 산장까지 걸어간 적이 있었는데, 문득 그의 시에서 읽은 장면이 떠올랐다. 눈에 갇혀 무서울 정도로 적막함이 감도는 산장의 모습이었다. 그때 내 가슴속으로 스미던 서늘한 고독을 지금도 잊을 수 없다.

다카무라가 전기도, 수도도 없는 산속에서 홀로 생활을 했던 이유 중 하나는 전쟁 찬미시를 썼던 과거를 반성하기 위해서였다. 늘 세간의 칭송을 받았던 그였지만, 말년에는 스스로 엄격한 삶을 찾아 은둔했다. 그런 그가 살던 오두막을 찾아가 고결한 삶의 흔적을 접했던 10년 전의 기억은 지금도 내 가슴에 선명히 살아 있다.

하나마키 외에도 문학과 인연이 깊은 땅으로는 카나자와를 들 수 있다. 카나자와는 많은 문인을 배출한 지역으로, 나는 이전에 카나자와 거리를 찾아가 시집을 주머니에 넣고 걸어본 적이 있었다. 걸음걸음마다 지난날 이 거리를 걸었던 문인들의 숨결 같은 것이 느껴졌다.

어느 나라에나 하나마키와 카나자와 같은 곳은 있다. 가장 먼저 떠오르는 곳은 파리의 몽마르트 거리다. 이 거리는 예술가나 위인들과 인연이 깊다. 피카소가 이 근처에 살았고, 그 주변으로는 모리스 위트릴로가 즐겨 그린 풍경이 펼쳐져 있다. 철학자 사르트르도 이 거리의 카페를 즐겨 찾았다. 몽마르트 거리의 매력은 역사 속으로 사라져버린 이들을 지금도 다시 느낄 수 있게 해준다는 데 있다.

파리는 몰리에르 거리나 빅토르 위고 광장 등 역사적인 인물의 이름을 붙인 곳이 많아 그들의 행적을 생각하며 산책할 수 있다. 이런 위인들의 이름이 붙은 거리를 걸으면 그들의 삶을 통해 인생을 돌아보게 되기 때문일까. 오래도록 기억에 남는 산책이 된다.

좋은 에너지를 불어넣는 거리

자신에게 좋은 에너지를 불어넣고 싶다면 좋은 장소를 걸어보도록 권하고 싶다. 아무래도 번화가를 걸으면 활기찬 에너지를 받기 쉬울 것이다. 도쿄의 긴자, 신주쿠, 아오야마 같은 곳이 좋은 예다.

지적인 공기를 마음껏 들이마시고 싶다면, 헌책방 거리로 유명한 도쿄의 진보쵸나 학생들이 많이 기거하는 파리의 칼체라탄 등으로 가본다. 거리 전체가 지적인 분위기에 흠뻑 젖어 있는 곳들이다.

운치 있는 거리를 걸으며 정서적으로 풍요로워지고 싶다면, 교토를 추천한다. 특히 유명한 절 부근은 정말 운치가 있다. 이렇게 거리마다 멋진 정서가 배어 있기 때문인지, 교토는 도시 전체가 그곳을 거니는 사람의 정신에 좋은 영향을 끼친다.

산책할 때의 감각을 깊이 느끼고 싶다면 비탈길이 좋다. 경사가 없는 평지와 달리 언덕길을 걸을 땐 한 걸음씩 눌러 밟는 힘이 필요하다. 그리고 힘이 들어간 만큼 땅을 밟는 느낌을 실감할 수 있다. 학생 시절 나는 호화 저택이 늘어선 언덕길을 친구와 자주 걸었다. 왠지 기가 죽는 것 같아 불쾌하기도 했지만 보통 주택가에서는 맛볼 수 없는 화려함을 느낄 수 있었다. 당시에는 여러 가지 의미에서 신선한 느낌을 주는 거리였다. 내가 근무하는 메이지대학 부근에도 언덕길이 많다. 그래서 지금도 학교 주변을 산책하다 '여자 고개', '남자 고개' 등으로 불리는 여러 가지 언덕길을 오르는 재미를 누리며 지내고 있다.

나가사키에는 이국적인 정서가 넘쳐흐르는 '네덜란드 언덕'이라는 곳이 있다. 또, 쇄국정책이 이루어지던 시대에 유일하게 외국과 교역이 이루어지던 데지마 거리도 있다. 서양식 가옥이 늘어선 데지마 거리를 걸어보거나 네덜란드 언덕을 올라보면 일상에서는 맛볼 수 없는 느낌으로 충만해진다. 걸을수록 산책할 맛이 나는 거리라고 할 수 있겠다.

거리에 숨은 감성 에너지를 발견하라

어느 나라 어느 거리에나 나름의 역사가 있고 독특한 에너지도 있다. 도쿄에서 내가 즐겨 걷던 에코다 거리에는 대학이 많아 학생들의 거리다운 싱싱한 에너지가 느껴진다. 한눈에 봐도 화려한 지유가 언덕이 있는가 하면, 그 옆 구혼부츠 거리로 가면 조용한 절도 나온다. 나는 방황하던 대학 시절 구혼부츠에 살았는데, 힘들 때마다 절에 가서 마음을 달래다 오곤 했다. 메이지 신궁 주변에는 산책길이나 여유 있는 공간이 많다. 특히 신궁 바깥뜰에 있는 은행나무 길을 걷다 보면 파리의 공원을 걷고 있는 기분이 든다.

이처럼 어느 거리든 그 거리만이 가진 분위기란 게 있다. 정갈하고 운치 있는 거리도 좋지만 얼핏 어수선해 보이는 거리도 좋다. 나는 아이들과 함께 일부러 그런 작은 골목길 같은 곳으로 들어가 보기도 한다. 오래 살았던 거리에도 가본 적이 없는 골목길은 얼마든지 있다. '이 길은 도대체 어디로 통하는 것일까?' 라는 생각으로 걸어가다 보면 '아, 여기로 나오는군' 하며 새로운 발견을 하게 된다.

어떤 거리든 세월의 흐름에 따라 변하기 마련이다. 요즘은 언제 어디서나 사진을 쉽게 찍을 수 있으므로 자신이 걸어 다니는 거리의 모습을 그때그때 찍어두는 것도 좋을 듯하다. 사진을 찍겠다는 생각으로 걷다 보면, 무심코 지나쳤던 거리의 새로운 면모를 발견하게 된다. 그리고 순간순간 지나쳐가는 풍경을 찍어두면 자신이 살았던 시간을 언제든 꺼내서 다시 볼 수 있다. 햇빛이 비치는 모습이나 꽃이 피는 모습이 날마다 다르듯, 지금 내가 걸으면서 보는 풍경은 이제 다시는 볼 수 없는 유일한 모습이다.

위트릴로는 그렇게 그냥 스쳐 지날 수 있는 골목의 풍경을 가장 잘 그려낸 화가다. 그는 파리 거리의 여러 가지 풍경을 그려냈고, 뒷골목처럼 화려하지 않은 곳까지도 파리답게 표현했다. 〈코탱 골목〉은 길 양옆에 건물이 늘어서 있고 끝이 막혀 있는 파리의 막다른 골목을 그린 것이다. 보통 화가라면 잘 그리지 않을 장소를 아름답게 그려낸 걸작이다. 모두가 지나쳐버리는 뒷골목의 풍경에서 아름다움을 느끼는 위트릴로의 감성을 배워보는 것은 어떨까? 반드시 그림을 그리지는 않더라도, 걷는 내내 '이런 각도에서라면 그림이 되겠군' 하고 느끼며 즐거움을 맛볼 수 있다.

건물을 관찰하며 걷는 것도 거리의 풍경을 즐기는 방법 중 하나다. 유명한 건축가가 지은 건물이나 미술관 등을 찾아가 그 근처를 거닐어보자. 아마 훌륭한 건축물이 공간에 부여하는 위력을 느낄 수 있을 것이다.

거리에 숨겨진 아름다움을 느끼는 감성을 키우면 어떤 거리에서도 마음에 드는 공간을 발견할 수 있다. 그만큼 사물을 보는 시각도 넓어지고 인간적으로도 성숙해질 것이다.

걷는다는 것은 살아 있음을 느끼는 일

사람은 거의 착각 속에서 살아가는 존재다. 이 말은 인간이 그만큼 신체의 감각에 지배당하기 쉬운 존재라는 뜻이다. 예를 들어 마사지를 받아 몸이 아주 개운한데, 기분이 우울해지는 경우는 거의 없다. 물론 개중엔 몸 상태가 좋지 않아도 상쾌한 기분을 유지하는 사람도 있을 수 있다. 하지만 대부분은 몸 상태에 따라 기분도 좌우지된다. 때문에 걸을 때 느끼는 신체 감각이 살아 있다는 감각으로 연결된다고 생각해도 무리는 아닐 것이다.

우리는 나이를 먹을수록 건강을 유지하기 위해 쓰는 시간이 많아진다. 즉, '일한다는 것은 살아 있다는 것이다, 살아 있다는 것은 건강하다는 것이다, 고로 건강하다는 것은 곧 일할 수 있다는 것이다' 는 말을 실감할 때가 찾아온다는 뜻이다.

그런 의미에서 어느 정도 나이가 든 사람들은 하루 중 30분에서 한 시간 정도를 건강을 위해 투자할 필요가 있다. 몸이 무거워지고 하반신의 힘이 약해진 뒤에는 걸어보려 해도 잘 되지 않는다. 지금까지 "일, 일!" 하면서 살아온 사람이라면, 이제부터는 걷는 것도 일종의 일이라고 생각하는 것은 어떨까?

자신의 인격이나 경험 지식 같은 것은 시간이 흘러도 크게 나빠지거나 줄어들지 않는다. 하지만 나이가 들수록 끈덕진 집요함 같은 것이 부족해지는 경우는 많이 생긴다. 만일 나이를 먹어도 '내겐 아직 이런 끈덕진 집요함이 있다' 라고 느낄 수 있다면 자신감도 줄어들지 않는다. 그렇다고 이제 와서 다시 수험 공부를 하면서 스스로 얼마나 끈덕진지를 확인하기는 어렵다. 하지만 걷기를 통해서는 비교적 쉽게 확인할 수 있다.

얼마든지 그만둘 수 있는데도 포기하지 않고 한 걸음 한 걸음 나아가다 보면, 마침내 나만의 걷기가 완성된다. 걷기를 통해 자기 안에 끈덕진 마음가짐이 있음을 느끼면 인생을 더욱 충실하게 살아갈 자신감과 건강을 얻게 될 것이다.

| 에 필 로 그 |

아이의 마음으로 돌아가는 걷기

걷고 있으면 이상하게도 마음이 가라앉고 아이디어가 샘솟는다. 그래서 '왜 걸으면 이렇게 좋아지지?' 하는 의문을 늘 품었다. 이 책은 그런 의문에 대한 생각을 펼치면서 나온 결과들을 정리한 것이다.

'걷기'는 사람으로 살아가는 데 기본이 되는 행위다. 나는 '삶의 기본으로서의 걷기'를 항상 의식하며 지내다 보니, 심지어는 책을 읽을 때도 '아, 걷기에는 이런 좋은 점이 있었지' 하며 새로운 발견을 하곤 한다.

시모무라 고진이 쓴 《지로 이야기(次郎物語)》를 잠시 살펴보자. 엄마와 할머니의 무관심 속에서 외롭게 지내던 지로를 사철나무 할아버지란 사람이 맡게 되는 장면이 나온다. 할아버지는 밤길을 천천히 걸어 지로를 자기 집에 데려간다. 도중에 할아버지가 문득 발걸음을 멈추더니, "지로, 저길 봐. 북극성이다" 하며 하늘을 가리켰다.

언제나 변함없이 그 자리에 있는 별, 그 별이 문득 알 수 없는 힘으로 지로의 마음을 지배하기 시작했다. 그는 걷다가 가끔 하늘을 올려다보며 북극성을 잃어버리지 않으려고 애썼다. 그리고 이제까지 한 번도 맛본 적 없는 신비로운 기분에 사로잡혔다. 그의 마음속에서 영원에 대한 감각이 싹을 틔우고 있었다.

(중략)

물론 아직 소년인 지로에게는 영원이나 운명을 확실히 의식할 만한 능력이 없었다. 다만 평소와는 다른 엄숙한 쓸쓸함 같은 것에 깊이 젖어들며, 별빛과 짚신 끌리는 소리가 엇갈리는 속으로 말없이 노인의 뒤를 따라갔다.

"졸리니?"

"……."

"넘어지면 안 돼. 내 손을 잡아."

손을 잡아주는 노인의 손바닥이 쭈글쭈글 거칠었다. 하지만 그의 피부 아래에서 전해져오는 따뜻함을 느끼자, 지로의 가슴속에 기쁨이 벅차올랐다.

고독한 소년의 마음에 할아버지의 따뜻한 마음이 전해질 수 있었던 것은 함께 걸었기 때문이다. '산다'는 것의 중요한 의미를 전하는 데 둘이 나란히 걷는 게 얼마나 중요한지를 알 수 있게 해 주는 글이다.

고이즈미 야쿠모(小泉八雲)가 쓴 〈유령(幽靈)〉이란 글에는 처음 찾아간 거리를 걸을 때 받는 멋진 느낌이 잘 나타나 있다.

아아, 처음 느끼는, 뭐라고 형언할 수 없는 가슴의 두근거림. 처음 걸어보는 길은 왜 이리 눈부시게 아름다워 보일까. 낯선 길의 모든 것이 이전에 상상하지도 못한 희망으로 연결되는 느낌이 든다. 황금빛 햇살을 받고 있는 건물은 미소를 머금은 듯했고, 그림자조차 아름다워 마치 행운의 징조처럼 보인다.

마을 사람들과의 따뜻한 만남. 사람들은 이방인에겐 좋은 면만을 보여주려 한다. 그래서 더욱 모든 것이 아련하고 기분 좋은 빛으로 가득 차 있다. 거리나 사람들에 대한 느낌은 흐리게 빛이 바랜 사진처럼 이토록 부드럽고 온화하다.

마치 꿈이나 환상의 한 장면과도 같은 산책이다. 사실 나도 이 글처럼 아름다운 꿈을 떠올리게 하는 몇몇 거리를 가슴속에 품고 있다. 차를 타고 다니면 그다지 인상에 남는 것이 없다. 하지만 걸어 다니다 보면 그 어떤 풍경화보다 감동적인 장면과 자주 마주치게 된다. 나는 물이 있는 풍경을 좋아하기 때문에, 강이나 수로가 있는 거리를 즐긴다. 특히 물가를 걸었던 기억은 언제까지나 잊지 않고 가슴속에 간직하는 편이다. 강물의 흐름이나 길 위를 내딛는 걸음은 인생을 상징한다. 나는 강물이 흐르는 것을 보면서, 혹은 앞으로 나아가면서 살아 있다는 기적을 맛본다.

살고 있는 동네라 해도 아직 가보지 못한 길이 있을 것이다. 고이즈미 야쿠모처럼 이방인이 된 듯한 기분으로 낯선 길을 걷는다면, 어느 순간 환상적인 장면과 마주칠지 모른다.

걷는다는 것은 아이였을 때의 자신을 떠올리는 일이다. 오사다 히로시(長田弘)는 《심호흡의 필요(深呼吸の必要)》란 책에서 아이였을 때의 걷기에 대해 다음과 같이 썼다.

> 아이였을 때 당신은 길을 똑바로 걸어가진 않았을 것이다. 먼저 오른발을 앞으로 내민다. 다음에는 왼발을 앞으로 내민다. 당신에게 걷는다는 것은 이런 과정의 반복만은 아니었다. 그래서야 재미가 없지 않은가. 당신은 걸을 때마다 생각했다. '이번엔 이 길로 요렇게 걸어볼까? 아니면 저 길로 가볼까?' 이런 생각이 어떤 게임이나 놀이보다도 훨씬 즐거웠을 것이다.
>
> 이제 어른이 된 당신은 어떤가? 아직도 걷는 게 즐거운가? 거리의 쇼윈도에 한 남자의 모습이 비친다. 고개를 숙인 채 혼잡한 인파를 서둘러 헤치고 가는 남자의 모습. 그가 아이였을 때 그토록 걷기

를 좋아했다는 사실이 믿겨지지 않는다.

　걷기의 즐거움을 잃어버린 순간, 당신은 이제 더 이상 아이가 아닌 어른이다. 바로 그 순간 걷기는 '이곳에서 그곳까지 가는' 행동에 지나지 않는다.

　걷기의 즐거움을 다시 되찾는 일은 아이였을 때의 자신으로 돌아가는 지름길이다. 자기 안에 있는 '아이의 힘'을 되살리면 머리와 가슴에 신선한 감각이 살아날 것이다. 즐겁게 걸었던 아이의 마음으로 돌아갈 수 있다면 그처럼 멋진 일도 없을 것이다.

사이토 다카시

KI신서 3631
30분 산책기술

1판 1쇄 인쇄 2011년 10월 21일
1판 1쇄 발행 2011년 10월 28일

지은이 사이토 다카시　**옮긴이** 유윤한
펴낸이 김영곤　**펴낸곳** (주)북이십일 21세기북스
출판콘텐츠사업부문장 정성진　**출판개발본부장** 김성수　**편집팀장** 박정혜
책임편집 정지은　**디자인 본문** 네오북　**해외기획팀** 김준수 조민정
마케팅영업본부장 최창규　**마케팅** 김현섭 김현유 강서영　**영업** 이경희 박민형 정병철
출판등록 2000년 5월 6일 제10-1965호
주소 (우 413-756) 경기도 파주시 문발동 파주출판문화정보산업단지 518-3
대표전화 031-955-2100　**팩스** 031-955-2151
이메일 book21@book21.co.kr　**홈페이지** www.book21.com
21세기북스 트위터 @21cbook　**블로그** b.book21.com

ISBN 978-89-509-3387-6 13320
책값은 뒤표지에 있습니다.

이 책 내용의 일부 또는 전부를 재사용하려면 반드시 (주)북이십일의 동의를 얻어야 합니다.
잘못 만들어진 책은 구입하신 서점에서 교환해 드립니다.